智能网联汽车环境感知技术

主　编　陈　宁　邹德伟
副主编　张海松　姚小莉
参　编　霍舒豪　张　英　刘　卯　于晓英　曹　晔　张永斌

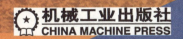
机械工业出版社
CHINA MACHINE PRESS

本书基于工作手册式教材理念编写，针对中国汽车工程学会组织编制的《节能与新能源汽车技术路线图 2.0》智能网联汽车"三横两纵"技术架构关于车辆关键技术的部分，深入分析了环境感知技术的工作原理与装调、测试、标定等工作场景。本书也参照了《智能网联汽车测试装调职业技能等级标准》中智能传感器测试装调工作领域的相关标准，对超声波雷达、毫米波雷达、激光雷达、视觉传感器、组合导航系统的装配、调试、测试、标定等具体工作任务进行了分析，提供了工单、习题、实操视频等培训参考资源。

本书可作为汽车智能技术专业、智能网联汽车技术专业、汽车电子技术专业、新能源汽车技术专业、汽车检测与维修技术专业、智能网联汽车工程技术专业等的环境感知技术课程教材，也可以作为考取《智能网联汽车测试装调职业技能等级证书》的参考教材，同时可作为汽车制造企业、汽车技术研发企业和汽车修理企业等技术人员的参考用书。

图书在版编目（CIP）数据

智能网联汽车环境感知技术/陈宁，邹德伟主编．—北京：机械工业出版社，2021.10（2024.8重印）
ISBN 978-7-111-69348-2

Ⅰ．①智… Ⅱ．①陈… ②邹… Ⅲ．①汽车-智能通信网-教材 Ⅳ．①U463.67

中国版本图书馆 CIP 数据核字（2021）第 205123 号

机械工业出版社（北京市百万庄大街 22 号　邮政编码 100037）
策划编辑：曹新宇　责任编辑：曹新宇　谢熠萌
责任校对：樊钟英　封面设计：严娅萍
责任印制：李　昂
北京捷迅佳彩印刷有限公司印刷
2024 年 8 月第 1 版第 5 次印刷
184mm×260mm・11.75 印张・294 千字
标准书号：ISBN 978-7-111-69348-2
定价：49.80 元

电话服务　　　　　　　　　　网络服务
客服电话：010-88361066　　　机　工　官　网：www.cmpbook.com
　　　　　010-88379833　　　机　工　官　博：weibo.com/cmp1952
　　　　　010-68326294　　　金　书　网：www.golden-book.com
封底无防伪标均为盗版　　　　机工教育服务网：www.cmpedu.com

前言

随着全球汽车保有量的快速增长,能源短缺、环境污染、交通拥堵、事故频发等问题日益严重,截至 2020 年,我国汽车保有量超过 2.81 亿辆,上述问题成为汽车产业可持续健康发展的限制因素,智能网联汽车被公认为是这些问题的有效解决方案。2015 年国务院发布的《中国制造 2025》提出发展节能与新能源汽车,掌握汽车低碳化、信息化、智能化核心技术;2020 年国家发展改革委等 11 个部委联合发布《智能汽车创新发展战略》,展望 2035 到 2050 年全面建成中国标准智能汽车体系,实现安全、高效、绿色、文明的智能汽车强国愿景。

汽车技术发展一日千里,正在进入软件时代、智能时代,导致智能汽车技术人才高度紧缺。智能汽车是一个复杂的跨界交叉系统,必然要求人才也是交叉跨界,在这个阶段汽车人才至少跨了 4 个专业:汽车专业、电子专业、IT 专业和通信专业,其知识的广度与深度都发生了变化。

中国汽车工程学会组织编制的《节能与新能源汽车技术路线图 2.0》指出,环境感知技术是智能网联汽车"三横两纵"技术架构中车辆关键技术的重要组成部分,因此《智能网联汽车测试装调职业技能等级标准》等相关职业标准均涉及智能传感器(环境感知技术)。为了使高校智能汽车相关专业学生和智能汽车行业从业人员能全面、系统地理解环境感知技术工作原理,掌握智能传感器装配调试、测试标定方法,满足职业工作领域对职业技能的要求,特编写了本书。本书具有以下特点:

1)落实立德树人根本任务。本教材将"碳达峰、碳中和"构建人类命运共同体,体现中华民族的使命与担当;将智能汽车创新发展国家战略,对加快制造强国、科技强国、交通强国、数字中国、智慧社会建设,增强新时代国家综合实力、实现中华民族的伟大复兴的意义;将建设中国标准智能汽车体系,实现安全、高效、绿色、文明的智能汽车强国愿景,充分满足人民日益增长的美好生活需要等内容融入教材,增加学生的民族自豪感和社会责任感。

2)基于工作手册式教材理念编写。《国家职业教育改革实施

方案》提出:"建设一大批校企双元合作开发的国家规划教材,倡导使用新型活页式、工作手册式教材并配套开发信息化资源。"工作手册式教材,是以"做中学"为特征的职业院校教学用书,兼具工作手册和教材的优点,具有问题导向、目标导向、立体化导向等特征。本书由 6 个项目、18 个任务组成,每个任务由任务目标、知识准备、任务实施、质量评价、回顾思考 5 个部分组成,构建了学、做、思的循环与递进,促使学生主动思考,实现知识和技能的有效迁移,培养学生在不同工作情境下通用的问题解决能力。

3)符合 1+X 职业技能等级证书标准。本书参照了《智能网联汽车测试装调职业技能等级标准》中关于智能传感器测试装调工作领域的相关标准,每个项目由认知与安装、故障检测、标定 3 个任务组成,基本对应证书的初级、中级、高级职业技能等级标准要求。

4)教学资源配套丰富。党的二十大报告指出:"推进教育数字化,建设全民终身学习的学习型社会、学习型大国。"本书深入贯彻落实教育数字化的理念,打造"互联网+教育"的新形态教材,除纸质教材,还嵌入了基于《智能网联汽车测试装调职业技能等级证书》智能传感器测试装调工作领域教学考核设备的实操视频等数字资源,并在"浙江省高等学校在线开放课程共享平台"提供 mooc 课程服务,提供了线上线下相结合的立体化教学模式,构建了理论教材、实操设备、教学资源三位一体的教学载体。

5)校企双元合作开发。本书由校企双元合作开发,企业方来自北京智行者科技有限公司。北京智行者的核心团队来自清华大学车辆与运载学院,技术能力业界顶尖,自主研制的无人驾驶车辆累计测试里程已达到数百万公里,位列国内无人驾驶初创企业前列,是国内首家实现无人驾驶产品化和商业落地的企业,在低速、特种车、高速领域均实现了不同产品的商业化落地。北京兰德适普科技有限公司是北京智行者孵化的智能网联汽车教育教学服务企业,是《智能网联汽车测试装调职业技能等级证书》评价组织的技术支持企业。

6)技术前沿性。发展智能网联汽车是我国打造科技强国、制造强国、交通强国的重要途径，环境感知技术的发展也是日新月异。本书注意技术的前沿性，如2021年4月15日小鹏汽车发布了全球首款装备激光雷达的量产车型P5，P5使用大疆Livox HAP固态激光雷达，而本书介绍了更高规格的大疆Livox tele-15固态激光雷达。

7）编者具有丰富的教材开发经验。本书主编来自"国家示范""双高计划"院校，并具有多年汽车行业工作经验，具有较强的汽车专业教学与科研能力，曾经主编多本教育部"十二五""十三五"职业教育国家规划教材。

本书由浙江机电职业技术学院陈宁、烟台汽车工程职业学院邹德伟担任主编，浙江机电职业技术学院张海松、姚小莉担任副主编，北京智行者科技有限公司联合创始人/高级副总裁霍舒豪、浙江机电职业技术学院张英、贵州省交通运输学校刘卯、山东交通职业学院于晓英、北京智行者科技有限公司行业总经理曹晔、北京智行者科技有限公司技术经理张永斌也参加了教材编写工作。

由于智能汽车环境感知技术尚处发展阶段，编者水平所限，书中如有不足之处敬请使用本书的师生与读者批评指正，以便修订时改进。如读者在使用本书的过程中有其他意见或建议，恳请向编者电子邮箱（chenning@zime.edu.cn）发邮件提出宝贵意见。

编　者

二维码索引

名称	图形	页码	名称	图形	页码
2.1 超声波雷达安装		44	4.3 激光雷达标定		122
2.2 超声波雷达故障检测		51	5.1 视觉传感器安装		133
2.3 超声波雷达标定		57	5.2 视觉传感器故障检测		139
3.1 毫米波雷达安装		69	5.3 视觉传感器标定		149
3.2 毫米波雷达故障检测		75	6.1 组合导航系统安装		159
3.3 毫米波雷达标定		86	6.2 组合导航系统故障检测		165
4.1 激光雷达安装		99	6.3 组合导航系统标定		173
4.2 激光雷达故障检测		106			

前言
二维码索引

目录

项目 1　智能网联汽车及传感器认知

任务 1　智能网联汽车认知 …………………………… 1
任务 2　先进驾驶辅助系统（ADAS）认知 ………… 13
任务 3　环境感知传感器认知 ………………………… 25

项目 2　超声波雷达装调与检测

任务 1　超声波雷达认知与安装 ……………………… 37
任务 2　超声波雷达故障检测 ………………………… 47
任务 3　超声波雷达标定 ……………………………… 52

项目 3　毫米波雷达装调与检测

任务 1　毫米波雷达认知与安装 ……………………… 61
任务 2　毫米波雷达故障检测 ………………………… 71
任务 3　毫米波雷达标定 ……………………………… 77

项目 4　激光雷达装调与检测

任务 1　激光雷达认知与安装 ……………………… 89
任务 2　激光雷达故障检测 ………………………… 102
任务 3　激光雷达标定 ……………………………… 107

项目 5 视觉传感器装调与检测

任务 1　视觉传感器认知与安装 …………………… 126
任务 2　视觉传感器故障检测 …………………… 135
任务 3　视觉传感器标定 …………………………… 140

项目 6 组合导航系统装调与检测

任务 1　组合导航系统认知与安装 …………………… 153
任务 2　组合导航系统故障检测 …………………… 161
任务 3　组合导航系统标定 …………………………… 167

参考文献 ……………………………………………… 177

项目 1

智能网联汽车及传感器认知

任务 1　智能网联汽车认知

1. 了解汽车的产生及发展过程。
2. 了解智能网联汽车的产生及发展意义。
3. 了解自动驾驶技术分级。
4. 了解车联网技术分级。

一、汽车的诞生

1776 年，英国人詹姆斯·瓦特改进了蒸汽机，拉开了第一次工业革命的序幕，人类进入了"蒸汽时代"，出现了汽车这样的现代化交通工具，使得人类的活动范围大为提升。

1769 年，法国陆军工程师古诺制造出第一辆蒸汽机驱动的汽车，时速 4km 左右，如图 1-1 所示。该车前面安装一个梨形大锅炉，锅炉产生的蒸汽送入后面的 2 个气缸，推动气缸内的活塞运动，驱动汽车前进。但由于他在试车时转向系统失灵，发生了世界上第一起机动车事故。1771 年，古诺改进了蒸汽机汽车，时速可达 9.5km，能牵引 4～5t 的货物。

1832 年到 1838 年之间，苏格兰人罗伯特·安德森发明了第一台电动汽车，使用的是不可充电的电池。1859 年，法国著名物理学家普兰特发明了铅酸蓄电池，为汽车的用电创造了条件，该发明被称为"意义深远的发明"。

1862 年，法国工程师莱诺研制出二冲程内燃机。1867 年，德国工程师奥托研制成功世界上第一台往复活塞式四冲程煤气发动机。

1881 年，英国人特鲁夫在电动汽车上使用了可充电的电池，这是电动汽车的一次重大技术变革。

图 1-1　第一辆蒸汽机汽车

1886 年 1 月 29 日，德国曼海姆专利局授予卡尔·本茨研制的三轮汽车专利，这一天被称为现代汽车诞生日。

1899 年，德国人波尔舍发明了轮毂电动机，1902 年波尔舍将一台内燃机装在电动汽车上，内燃机发电驱动轮毂电动机，这也是世界上第一台混合动力汽车。

二、汽车技术的发展过程

从蒸汽机汽车到内燃机汽车，从燃油汽车到电动汽车，汽车极大地拓展了人类的活动范围，推动人类从近代社会跨入现代社会。在科技生产力的推动下，汽车技术经历了机械时代、电子时代、软件时代和智能时代，如图 1-2 所示。

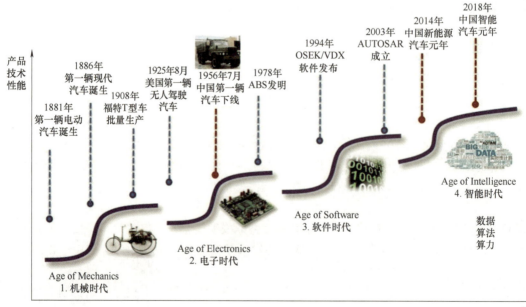

图 1-2　百年汽车发展简史

1. 汽车机械时代

汽车机械时代大致是汽车诞生日至 20 世纪五六十年代,跨度近百年,主要特征是通过机械结构、机械部件、机械材料的进步来提高汽车性能,此外福特 T 型车开创了汽车批量生产的流水线模式。时至今日,在机械性能上可以突破的已经越来越少。

2. 汽车电子时代

汽车电子时代是 20 世纪的五六十年代至八十年代末期。随着电子技术的进步,汽车由使用单一的电子零部件,如电子控制刮水器、晶体管点火装置等,逐步升级到复杂的电子控制系统,如电子燃油喷射(Electronic Fuel Injection,EFI)系统、防抱死制动系统(Anti-lock Brake System,ABS)、车身电子稳定系统(Electronic Stability Program,ESP)等。汽车电子控制系统提升了汽车的安全性、经济性和动力性,但也使汽车控制系统越来越复杂,其成本在高档豪华汽车的制造成本占比甚至超过 7 成。

3. 汽车软件时代

汽车软件时代是指 21 世纪初至今。随着汽车电子控制系统越来越复杂,汽车电气架构也发生了变化,汽车厂家提出了"软件定义汽车"的口号,意味着汽车功能的实现将越来越依附于软件,通过 OTA(Over The Air)或 FOTA(Firmware Over The Air)软件升级就可以赋予汽车新的功能。

4. 汽车智能时代

2015 年,各大车企提出了汽车"新四化"概念。"新四化"概念包括:**电动化**,指新能源动力系统领域;**智能化**,指无人驾驶或者驾驶辅助系统;**网联化**,指车联网功能;**共享化**,指汽车共享与移动出行。汽车"新四化"的核心是智能化,在新能源汽车的基础上,打造具备自动驾驶和网联通信的智能汽车,拓展共享化的出行服务变革。

三、智能网联汽车的诞生

汽车是非常强大的交通工具,随着全球汽车保有量的快速增长,能源短缺、环境污染、交通拥堵、事故频发等问题日益突出,因此人们开始考虑让汽车具备自动驾驶能力,以得到更安全、高效的出行方式。

相较于国外,我国在智能网联汽车领域的研究起步较晚,20 世纪 90 年代才在一些高校研发自动驾驶技术,2003 年,国防科技大学与一汽集团合作推出红旗 CA7460 无人驾驶平台。国家一直非常重视智能网联汽车的发展,并逐渐上升到国家战略层面。2015 年,国务院印发的《中国制造 2025》提出发展节能与新能源汽车,掌握汽车低碳化、信息化、智能化核心技术。2018 年 5 月,工业和信息化部、公安部和交通运输部联合发布《智能网联汽车道路测试管理规范(试行)》,批准了全国 20 个智能网联汽车测试示范区。2020 年国家发展改革委等 11 个部委联合发布了《智能汽车创新发展战略》,发展智能汽车正式成为国家战略。

智能网联汽车(Intelligent Connected Vehicle,ICV)是一种跨技术、跨产业领域的新兴汽车,各国对智能网联汽车的定义有所不同,但发展智能网联汽车的终极目标是一样的,即使其成为可上路安全行驶的无人驾驶汽车(Autonomous Vechicle,AV)。

中国汽车工程学会在 2016 年《节能与新能源汽车技术路线图》和 2020 年《节能与新能源汽车技术路线图 2.0》中这样定义智能网联汽车:**智能网联汽车是搭载先进的车载传感器、**

控制器、执行器等装置，并融合现代通信与网络技术，实现"V2X"智能信息交换共享，具备复杂的环境感知、智能决策、协同控制和执行等功能，可实现安全、舒适、节能、高效行驶，并最终可替代人来操作的新一代汽车。

广义上讲，智能网联汽车是以车辆为主体和主要节点，融合现代通信和网络技术，使车辆与外部节点实现信息共享和协同控制，以达到车辆安全、有序、高效、节能行驶的新一代多车辆系统。

智能网联汽车、智能汽车、车联网、智能交通系统密切相关，ICV 相关关系如图 1-3 所示。

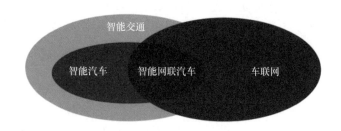

图 1-3　ICV 相关关系

智能网联汽车融合了智能交通系统中的智能汽车与车联网相关技术。智能网联汽车本身具备自主的环境感知能力，也是智能交通系统的核心组成部分，是车联网体系的一个节点，它通过车载信息终端实现与车、路、行人、业务平台等之间的无线通信和信息交换。智能网联汽车的聚焦点是在车上，发展重点是提高汽车安全性，其终极目标是实现无人驾驶；而车联网的聚焦点是建立一个比较大的交通体系，发展重点是给汽车提供信息服务，其终极目标是建立智能交通系统；无人驾驶汽车是汽车智能化与车联网的完美结合。

四、自动驾驶技术分级

2020 年 2 月国家发展改革委等 11 个部委联合发布《智能汽车创新发展战略》，规划到 2025 年中国标准智能汽车相关体系基本建成，实现有条件自动驾驶的智能汽车达到规模化生产，实现高度自动驾驶的智能汽车在特定环境下市场化应用；2035 年至 2050 年，中国标准智能汽车体系全面建成，智能汽车强国愿景逐步实现，智能汽车充分满足人民日益增长的美好生活需要。

智能汽车是按若干技术分级逐步实现的，世界各主要国家的分级是不完全相同的。美国国家公路交通安全管理局（NHTSA）划分为 L0~L4 级共 5 级，美国汽车工程学会（SAE）划分为 L0~L5 级共 6 级，德国联邦公路研究院把智能网联汽车发展划分为部分自动驾驶阶段、高度自动驾驶阶段、完全自动驾驶阶段 3 级。

我国对智能网联汽车的分级参考了 SAE 的标准，2020 年 1 月工业和信息化部发布了《汽车驾驶自动化分级》国家标准。我国的汽车驾驶自动化分级与 SAE 标准相比，大体一致，仅在某些方面存在一些区别，例如我国标准规定 L0~L2 级的目标和事件探测与响应由驾驶员及系统共同完成，而 SAE 则全部由人类驾驶员完成。

中美两国对汽车自动驾驶技术分级的标准见表 1-1。

智能网联汽车及传感器认知 项目 1

表 1-1 中美两国对汽车自动驾驶技术的分级

	L0	L1	L2	L3	L4	L5
美国国家公路交通安全管理局（NHTSA）	L0（无自动化）人类驾驶者全权驾驶汽车，行驶过程可以得到警告	L1（DA 驾驶支持）系统对方向盘或加减速中的一项操作提供支持，其余由人类操作	L2（PA 部分自动化）系统对方向盘或加减速中的多项操作提供支持，其余操作由人类操作	L3（CA 有条件自动化）系统完成所有的驾驶操作，驾驶员根据系统请求，需要提供适当的干预	L4（HA 高度自动化）系统完成所有的驾驶操作，特定环境下系统会向驾驶员提出响应请求，驾驶员可以对系统请求不响应	L5（FA 完全自动化）系统完成驾驶员能够完成的所有道路环境下的操作，不需要驾驶员介入
美国汽车工程师学会（SAE）	L0（应急辅助）	L1（部分驾驶辅助）	L2（组合驾驶辅助）	L3（有条件自动驾驶）	L4（高度自动驾驶）	L5（完全自动驾驶）
用户的角色	驾驶员（持续）：执行全部动态驾驶任务，监管驾驶自动化系统，并在需要时接管以确保车辆安全	驾驶员（持续）：1. 执行驾驶动态的其余驾驶任务；2. 监管驾驶自动化系统，需要时接管保证车辆安全；3. 决定是否及何时启动或关闭驾驶自动化系统；4. 在任何时候，可以立即执行全部动态驾驶任务	驾驶员（持续）：1. 执行驾驶动态的其余驾驶任务；2. 监管驾驶自动化系统，需要时接管保证车辆安全；3. 决定是否及何时启动或关闭驾驶自动化系统；4. 在任何时候，可以立即执行全部动态驾驶任务	驾驶员（驾驶自动化系统未激活）：1. 驾驶员自动驾驶装备驾驶自动化系统激活前，确认装备驾驶自动化系统的车辆状态是否可以使用。2. 在动态驾驶任务接管用户。（驾驶自动化系统激活后）成为驾驶员接管用户：1. 当收到接管请求时，及时执行动态驾驶任务接管；2. 发生车辆其他系统失效时，及时执行动态驾驶任务接管；3. 可将视线转移至非驾驶相关的活动，但保持一定的警觉性，对明显的外部刺激（如：救护车、警笛等）进行适当响应。4. 决定是否及以及如何实现最小风险状态，并判断是否达到最小风险状态；5. 在请求驾驶自动化系统退出后成为驾驶员	驾驶员/调度员（驾驶自动化系统未激活）：驾驶员自动化装备驾驶自动化系统激活前，确认装备驾驶自动化系统的车辆状态是否可以使用。2. 决定是否开启驾驶自动化系统；3. 在动态驾驶任务激活后，车内的驾驶员/乘客/调度员成为乘客。乘客/调度员（驾驶自动化系统激活）：1. 无须执行动态驾驶任务接管；2. 无须决定最小风险判断是否达到最小风险状态；3. 可接受接管请求并执行动态驾驶任务接管；4. 可请求退出驾驶自动化系统；5. 在请求退出且系统退出后成为驾驶员	驾驶员/调度员（驾驶自动化系统未激活）：驾驶自动化系统激活前，确认装备驾驶自动化系统的车辆状态是否可以使用。2. 决定是否开启驾驶自动化系统；3. 在动态驾驶任务激活后，车内的驾驶员/乘客/调度员成为乘客。乘客/调度员（驾驶自动化系统激活）：1. 无须执行动态驾驶任务接管；2. 无须决定最小风险判断是否达到最小风险状态；3. 实现最小风险状态；4. 可接受接管请求并执行动态驾驶任务接管；4. 可请求退出；5. 在请求退出且系统退出后成为驾驶员
中国汽车驾驶自动化分级						

(续)

中国汽车驾驶自动化分级		L0 (应急辅助)	L1 (部分驾驶辅助)	L2 (组合驾驶辅助)	L3 (有条件自动驾驶)	L4 (高度自动驾驶)	L5 (完全自动驾驶)
	驾驶自动化系统的角色	1. 持续执行部分目标和事件探测与响应; 2. 当驾驶员请求驾驶自动化系统退出时,立即解除系统控制权	1. 持续执行动态驾驶任务中的车辆横向或纵向运动控制; 2. 具备与车辆横向或纵向控制相适应的部分目标和事件探测与响应的能力; 3. 当驾驶员请求驾驶自动化系统退出时,立即解除系统控制权	1. 持续执行动态驾驶任务中的车辆横向和纵向运动控制; 2. 具备与车辆横向和纵向控制相适应的部分目标和事件探测与响应的能力; 3. 当驾驶员请求驾驶自动化系统退出时,立即解除系统控制权	1. 仅允许在设计运行条件内激活; 2. 激活后在设计运行条件内执行全部动态驾驶任务; 3. 识别是否即将不满足设计运行条件,并在即将不满足设计运行条件时,及时向动态驾驶任务接管用户发出接管请求; 4. 识别驾驶自动化系统失效,并在发生驾驶自动化系统失效时,及时向动态驾驶任务接管用户发出接管请求; 5. 在发出接管请求后,继续执行动态驾驶任务一定的时间; 6. 在发出接管请求后,并在任务接管用户未响应,适时执行风险减缓策略; 7. 在任务接管用户未响应,适时执行风险减缓策略; 8. 当用户请求驾驶自动化系统退出时,立即解除系统控制权	1. 仅允许在设计运行条件内激活; 2. 激活后在设计运行条件内执行全部动态驾驶任务; 3. 识别是否满足设计运行条件; 4. 识别驾驶自动化系统失效; 5. 在发生下列情况之一时,执行动态驾驶任务接管并达到最小风险状态: ——即将不满足设计运行条件; ——驾驶自动化系统失效; ——用户要求实现最小风险状态。 6. 除下列情形以外,不得解除系统控制权: ——已达到最小风险状态; ——驾驶员在执行动态驾驶任务。 7. 当用户请求驾驶自动化系统退出时,解除系统控制权,如果存在安全风险可暂缓解除	1. 无设计运行条件限制; 2. 激活后执行全部动态驾驶任务; 3. 识别驾驶自动化系统失效和车辆其他系统失效; 4. 在发生下列情况之一时,执行动态驾驶任务接管并达到最小风险状态: ——驾驶自动化系统失效或车辆其他系统失效; ——用户未响应最小风险状态请求; ——用户要求实现最小风险状态。 5. 除下列情形以外,不得解除系统控制权: ——已达到最小风险状态; ——驾驶员在执行动态驾驶任务。 6. 当用户请求驾驶自动化系统退出时,解除系统控制权,如果存在安全风险可暂缓解除
	驾驶自动化系统激活后,用户的角色	在驾驶座位的用户:传统驾驶员 不在驾驶座位的车内用户:远程驾驶员 车外用户:远程驾驶员			在驾驶座位的用户:动态驾驶任务接管用户	在驾驶座位的用户:乘客 不在驾驶座位的车内用户:调度员 车外用户:调度员	在驾驶座位的用户:乘客 不在驾驶座位的车内用户:乘客 车外用户:乘客

1. L0 级驾驶自动化（应急辅助）

车辆的自动驾驶系统虽然不能控制汽车的转向或加减速，但是具备一定的路况识别和反应能力，比如能够在危险出现的时候提醒驾驶员。当出现故障时，汽车将由人类驾驶员负责接管，在驾驶员请求退出自动驾驶状态时，汽车能立即解除系统的控制权。此外，L0 级自动驾驶仅在某些条件下才能实现。按照上述规定，前部碰撞预警（FCW）和车道偏离预警（LDW）功能都可归类于 L0 级自动驾驶。

2. L1 级驾驶自动化（部分驾驶辅助）

L1 级自动驾驶汽车和 L0 级自动驾驶汽车一样，都属于有限制条件的自动驾驶，且当汽车出现故障时都需要人类驾驶员来控制车辆。不同之处在于，L1 级自动驾驶汽车的自动化系统能够在人类驾驶员的协助下，对车辆的方向或加减速进行控制。换言之，L1 级自动驾驶可具备自适应巡航（ACC）或者车道保持辅助（LKA）功能。

3. L2 级驾驶自动化（组合驾驶辅助）

在自动驾驶系统所规定的运行条件下，车辆本身能够控制汽车的转向和加减速运动。在汽车出现故障时，人类驾驶员将负责执行汽车的驾驶任务。和 L1 级自动驾驶相比，L2 级自动驾驶将拥有集成式巡航辅助（ICC）功能（即同时具备自适应巡航控制功能和车道保持辅助功能）。

4. L3 级驾驶自动化（有条件自动驾驶）

在自动驾驶系统所规定的运行条件下，车辆本身就能完成转向和加减速，以及路况探测和反应的任务。对于 L3 级自动驾驶汽车，驾驶员需要在系统失效或者超过工作条件时对故障汽车进行接管。由此，属于 L3 级自动驾驶的汽车将有条件实现交通拥堵辅助（TJP）功能。

5. L4 级驾驶自动化（高度自动驾驶）

L4 级自动驾驶汽车仍属于有限制条件的自动驾驶，但是汽车的方向和加减速控制、路况观测和反应，以及汽车故障时的接管任务都能够由自动驾驶系统完成，不需要人类参与。而按照这一界定，无人出租车便属于 L4 级自动驾驶。

6. L5 级驾驶自动化（完全自动驾驶）

L5 级自动驾驶汽车和 L4 级自动驾驶汽车能够实现的基本功能相同，但 L5 级自动驾驶汽车不再有运行条件的限制（商业和法规因素等限制除外），同时自动驾驶系统能够独立完成所有的操作和决策。

五、车联网技术分级

车联网（V2X）是实现车辆与周围的车、人、交通基础设施和网络等全方位连接和通信的新一代信息通信技术，能实现"人-车-路-云"协同。车联网通信具体包括车与车之间（V2V）、车与路之间（V2I）、车与人之间（V2P）、车与网络之间（V2N）等 V2X 具体分类见表 1-2。

表 1-2 V2X 具体分类

设备		功能
V2V	车载终端	避免或减少交通事故、车辆监督管理等
V2I	车载终端、路侧设备	实时信息服务、车辆监控管理、不停车收费等
V2P	车载终端、用户设备	避免或减少交通事故、信息服务等
V2N	车载终端、接入网/核心网、云平台	车辆导航、车辆远程监控、紧急救援、信息娱乐服务等

车联网可划分为"聪明的车""智慧的路""车路协同"三个领域。"聪明的车"是指具备通信能力、可实现车路协同的智能驾驶单车;"智慧的路"是指将道路数字化,可实现路与云和车的通信;"车路协同"是指利用通信、融合感知、高精度定位、云计算技术等实现"人-车-路"之间的高效协同。

按照车联网为车辆提供交互信息、参与协同控制的程度,参照车辆智能化分级,网联化可以分为三个等级,见表1-3。

表1-3 车联网技术分级

网联化等级	等级名称	等级定义	典型信息	传输需求	典型场景	车辆控制
1	网联辅助信息交互	基于车-路、车-云通信,实现导航、道路状态、交通信号灯等辅助信息的获取以及车辆行驶与驾驶人操作等数据的上传	地图、交通流量、交通标志、油耗、里程等静态信息	传输实时性、可靠性要求较低	交通信息提醒、车载信息娱乐服务、eCall等	人
2	网联协同感知	基于车-车、车-路、车-人、车-云通信,实时获取车辆周围交通环境信息,与车载传感器的感知信息融合,作为自车决策与控制系统的输入	周边车辆/行人/非机动车位置、信号灯相位、道路预警等动态数字化信息	传输实时性、可靠性要求较高	道路湿滑提醒、紧急制动预警、特殊车辆避让等	人/自车
3	网联协同决策与控制	基于车-车、车-路、车-人、车-云通信,实时并可靠获取车辆周边交通环境信息及车辆决策信息,将车-车、车-路等各交通参与者之间信息进行交互融合,形成车-车、车-路等各交通参与者之间的协同决策与控制	车-车、车-路、车-云的协同控制信息	传输实时性、可靠性要求最高	队列跟驰等	人/自车/他车/云

任务实施

任务步骤	任务要点	实施记录
任务准备	1. 更换实训服,摘掉首饰,长发挽起固定于脑后 2. 严禁非专业人员或无教师在场的情况下私自对部件进行操作 3. 总成拆装需要至少两人配合完成,不可一人单独作业	是否完成:是□ 否□
工具准备	联网计算机,纸笔,特殊工具	是否正常:是□ 否□ 特殊工具清单_____ _____

(续)

任务步骤	任务要点	实施记录
制订计划	根据任务目标，制订任务实施计划 | 序　号	作业项目	实施要点 | |---|---|---| | | | | | | | | | | | | | | | |	
收集资讯	1. 检索主流汽车媒体，推荐 www.zhiche.net 2. 记录典型智能网联汽车资讯	检索记录：
分析产业	1. 检索主流汽车媒体，推荐 www.autohome.com.cn 2. 分析本地智能网联汽车产业概况	本地智能网联汽车生产企业： 本地智能网联汽车零部件企业： 本地销售的智能网联汽车车型：
检查实训车辆	1. 确认实训车辆驻车制动处于锁止状态 2. 确认实训车辆点火开关处于 Lock 位置，操作另有要求除外 3. 检查车辆外观 4. 记录车辆 VIN 5. 在中国汽车网验证 VIN，网址：www.chinacar.com.cn/vin_index.html	是否正常：是□　否□ 是否正常：是□　否□ 是否正常：是□　否□ 如有破损，部位_____ VIN：_____ 车辆型号：_____ 底盘型号：_____ 发动机型号：_____ 生产批次：_____

（续）

任务步骤	任务要点	实施记录
分析实训车辆	1. 在手机上安装汽车品牌的 APP 2. 通过 APP 信息分析车辆的自动驾驶技术功能 3. 通过车辆主屏验证车辆的自动驾驶技术功能 4. 分析车辆的自动驾驶技术等级 5. 通过 APP 信息分析车辆的车联网技术功能 6. 通过车辆主屏验证车辆的车联网技术功能 7. 分析车辆的车联网技术等级	是否完成：是□ 否□ 安装的 APP 有：_____ _____ _____ 自动驾驶技术功能：_____ _____ _____ _____ _____ 自动驾驶等级是：_____ 车联网技术功能：_____ _____ _____ _____ _____ _____ _____ 车联网技术等级是：_____
设备断电整理现场	将现场设备、工具等物品按 6S 标准清理归位	是否完成：是□ 否□

智能网联汽车及传感器认知　项目 1

质量评价

任务总结	对智能网联汽车认知的小结： 工作实施情况反思：				
质量评价	评分项目	知识能力 （25分）	实践能力 （25分）	职业素养 （25分）	工作规范 6S （25分）	总评
	自我评分					
	小组评分					
	教师评分					
	合计					

回顾思考

一、填空题

1. 随着全球汽车保有量的快速增长，_____、_____、_____、事故频发等问题日益突出，成为汽车产业可持续健康发展的限制因素。

2. 无人驾驶汽车是_____与_____的完美结合。

3. 智能网联汽车本身具备自主的_____，也是智能交通系统的核心组成部分，是车联网体系的一个结点。

4. _____虽然不能控制汽车的转向或加减速，但是具备一定的路况识别和反应能力，比如能够在危险出现的时候提醒驾驶员。

5. 车联网的聚焦点是建立_____，发展重点是给汽车提供_____，其终极目标是构建_____。

二、选择题

1. 智能网联汽车的终极目标是（　　）。
A. 辅助驾驶汽车　　　　　　　　B. 有条件自动驾驶汽车
C. 高度自动驾驶汽车　　　　　　D. 无人驾驶汽车

2. 中国第一辆汽车下线是（　　）。

A. 1956 年 7 月　　　B. 1881 年　　　C. 1925 年 8 月　　　D. 1886 年

3. 根据 2015 年国务院印发的《中国制造 2025》，下列哪项不是发展节能与新能源汽车的核心技术。（　　）

　　A. 信息化　　　B. 智能化　　　C. 自动化　　　D. 低碳化

4. 智能网联汽车的聚焦点是在（　　）上，发展重点是提高汽车安全性。

　　A. 行人　　　B. 车　　　C. 路　　　D. 业务平台

5. 到 2025 年中国标准智能汽车相关体系基本建成，实现_____的智能汽车达到规模化生产，_____的智能汽车在特定环境下市场化应用。以下正确的选项是（　　）。

　　A. 部分驾驶辅助，有条件自动驾驶

　　B. 组合驾驶辅助，有条件自动驾驶

　　C. 有条件自动驾驶，高度自动驾驶

　　D. 高度自动驾驶，完全自动驾驶

6. 无人出租车属于（　　）级自动驾驶。

　　A. L2　　　B. L3　　　C. L4　　　D. L5

7. 中美两国将智能网联汽车划为（　　）级。

　　A. L0～L4　　　B. L1～L3　　　C. L1～L4　　　D. L0～L5

8. （　　）年中国标准智能体系全面建成，智能汽车强国愿景逐步实现，智能汽车充分满足人民日益增长的美好生活需要。

　　A. 2020～2025　　　　　　　　　B. 2025～2035

　　C. 2035～2045　　　　　　　　　D. 2035～2050

三、判断题

1. FCW、LDW 属于 L0 级驾驶自动化，ACC、LKA 属于 L1 级自动化，TJP 属于 L2 级自动化。（　　）

2. 智能网联汽车融合了现代通信和网络技术。（　　）

3. L1 级驾驶自动化属于有限制条件的自动驾驶，当汽车出现故障时需要驾驶员来控制车辆。（　　）

4. 智能交通系统的核心组成部分是新能源汽车。（　　）

5. L0 级属于无自动化，车上不具备任何辅助系统。（　　）

6. 车联网的聚焦点是建立一个比较大的交通体系，发展重点是给汽车提供信息服务，其终极目标是智能交通系统。（　　）

7. 高度自动驾驶，汽车的方向和加减速控制、路况观测和反应，以及汽车故障时的接管任务都能够由自动驾驶系统完成，不需要人类参与，并且能够独立完成所有的操作和决策。（　　）

8. 从 L2 级驾驶自动化开始，车辆本身都能够控制汽车的转向和加减速。（　　）

四、简答题

1. 谈谈对智能网联汽车、智能汽车、车联网、智能交通系统相关性的理解。

2. 谈谈对智能网联汽车的理解。

智能网联汽车及传感器认知　项目1

任务 2　先进驾驶辅助系统（ADAS）认知

任务目标

1. 了解 ADAS 功用。
2. 理解 ADAS 分类。
3. 理解 ADAS 功能实现。
4. 理解 ADAS 与自动驾驶的关系。

知识准备

一、ADAS 的功用

随着社会的发展，ABS、ESP 等早期的驾驶辅助系统不再满足人们对安全驾驶、自动驾驶的需求。先进驾驶辅助系统（Advanced Driver Assistance System，ADAS），是利用安装在车辆上的传感、通信、决策及执行等装置，监测驾驶员、车辆及其行驶环境并通过影像、灯光、声音、触觉提示/警告或控制等方式辅助驾驶员执行驾驶任务或主动避免/减轻碰撞危害的各类系统的总称。

ADAS 本质是辅助驾驶，核心是环境感知，系统可分为感知层、决策层和执行层。ADAS 组成如图 1-4 所示。

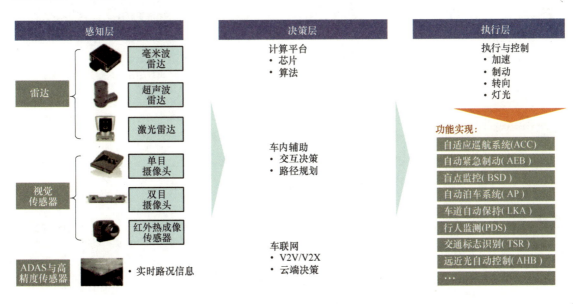

图 1-4　ADAS 组成

感知层：不同的系统需要使用不同类型的车用传感器，包含摄像头、毫米波雷达、超声

13

波雷达、红外传感器、CCD/CMOS 影像传感器及轮速传感器等，它们收集整车的工作状态及其参数变化情形，并将不断变化的机械运动参数变成电子参数（电压、电阻及电流）。传感器数据是下一步运算分析和预警及控制的依据，例如车道偏离警告系统使用 CMOS 影像传感器的数据、夜视系统使用红外线传感器、适应性定速控制通常使用雷达、停车辅助系统则会使用超声波等。

决策层：电子控制单元或域控制器会在针对传感器收集的信息进行运算分析处理，然后再向其控制的执行装置下达动作指令。

执行层：包含加速、制动、转向、灯光等系统都是属于执行器的范畴，会依据控制器输出的信号，来执行各种反应动作，让汽车安全行驶于道路上。

二、ADAS 与自动驾驶的关系

ADAS 本质是辅助驾驶，是紧急情况下在驾驶员主观反应之前做出主动判断和预防措施，来达到预防和辅助的作用。ADAS 确切来说不是自动驾驶，但可以视作自动驾驶汽车的前序。根据我国《汽车驾驶自动化分级》标准，自动驾驶划分为 L0~L5 级，ADAS 功能主要对应 L0~L2 级，见表 1-4。

表 1-4 ADAS 与自动驾驶分级

	等级	名称	车辆横向和纵向运动控制	目标和事件探测与响应	动态驾驶任务接管	设计运行条件	功能实现	硬件配置要求
Eyes on Hands on	L0	应急辅助	驾驶员	驾驶员和系统	驾驶员	有限制	• 交通信号灯识别 • 夜视系统 • 盲点监测 • 车道偏离预警 • 360°全景影像	• 摄像头 • 毫米波雷达
	L1	部分自动辅助	驾驶员和系统	驾驶员和系统	驾驶员	有限制	• 自适应巡航 • 自动紧急制动 • 车道保持 • 泊车辅助	
Temporary Hands off	L2	组合驾驶辅助	系统	驾驶员和系统	驾驶员	有限制	• 车道内自动驾驶 • 换道辅助 • 自动泊车	• 摄像头 • 毫米波雷达 • 部分 V2X
Temporary Hands off	L3	有条件自动驾驶	系统	系统	动态驾驶任务接管用户（接管后成为驾驶员）	有限制	• 高速自动驾驶 • 城郊公路驾驶 • 编队行驶 • 交叉路口通过	• 摄像头 • 毫米波雷达 • 激光雷达 • 完整 V2X
Eyes off Hands off	L4	高速自动驾驶	系统	系统	系统	有限制	• 车路协同 • 城市自动驾驶	• 摄像头 • 毫米波雷达 • 激光雷达 • 完整 V2X
	L5	完全自动驾驶	系统	系统	系统	无限制		

C-NCAP 是中国汽车技术研究中心发布的中国新车评价规程,以更严格、更全面的要求,对车辆进行全方位安全性能测试,包括乘员保护、行人保护、主动安全等,不断提升整车安全性能。表 1-5 为 C-NCAP 主动安全路线,对主动安全功能的要求逐年提高,推广了 ADAS 的应用范围和强度。

表 1-5　C-NCAP 主动安全路线

分类	功能	2020	2021	2022	2023	2024	2025
甲类	车间安全辅助		场景增加:AEB 纵向场景丰富	评价内容拓展:AEB 交叉冲突	评价内容拓展:需 AES 本车道内辅助技术	基于 V2X 更新场景	评价内容拓展:需 AES+AEB 主动介入技术
	行人安全辅助		场景增加:AEB 夜间+纵向		评价内容拓展:需 AES 本车道内辅助技术	基于 V2X 更新场景	评价内容拓展:需 AES+AEB 主动介入技术
	两轮车安全辅助		评价内容拓展:AEB 横向+纵向		评价内容拓展:需 AES 本车道内辅助技术	基于 V2X 更新场景	评价内容拓展:需 AES+AEB 主动介入技术
乙类	侧方辅助	可选加分项:盲区车辆报警	评价项:增加两轮车盲区报警场景	评价内容拓展:需紧急车道保持(ELK)技术		基于 V2X 更新场景	
	车道辅助	可选加分项:车道偏离预警(LDW)	评价项:车道保持辅助(LKA)	评价内容拓展:需紧急车道保持(ELK)技术		基于 V2X 更新场景	
丙类	低速车用安全辅助				评价项:低速车周碰撞	基于 V2X 更新场景	
丁类	交通标识辅助	可选加分项:限速标识识别		评价项:其他交通标识		基于 V2X 更新场景	
	驾驶员监控			加分项		评分项	

三、ADAS 定义与分类

2019 年 7 月，我国工业和信息化部公示了全国汽车标准化技术委员会推荐性国家标准《道路车辆 先进驾驶辅助系统（ADAS）术语及定义》（GB/T 39263—2020）。该标准参考了 ISO、UN/WP.29、SAE 等国际相关标准，除了包含传统概念上 L1、L2 的功能，还增加了预警、监测、环视、HUD、夜视、酒精闭锁、智能灯、加速踏板误操作、紧急转向辅助等特色功能，非常全面地定义了辅助驾驶功能，领先全球。根据该标准，ADAS 分成信息辅助类 21 项、控制辅助类 16 项两个大的类别，ADAS 分类如图 1-5 所示。

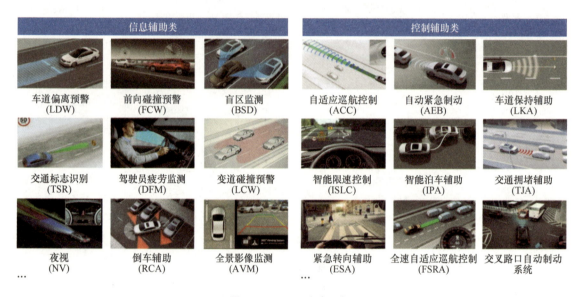

图 1-5　ADAS 分类示例

1. 信息辅助类

（1）驾驶员疲劳监测（driver fatigue monitoring，DFM）　实时监测驾驶员状态并在确认其疲劳时发出提示信息。

（2）驾驶员注意力监测（driver attention monitoring，DAM）　实时监测驾驶员状态并在其注意力分散时发出提示信息。

（3）交通标志识别（traffic sign recognition，TSR）　自动识别车辆行驶路段的交通标志并发出提示信息。

（4）智能限速提醒（intelligent speed limit information，ISLI）　自动获取车辆当前条件下所应遵守的限速信息并实时监测车辆行驶速度，当车辆行驶速度不符合或即将超出限速范围的情况下适时发出提示信息。

（5）弯道速度预警（curve speed warning，CSW）　对车辆状态和前方弯道进行监测，当行驶速度超过通过弯道的安全通行车速时发出警告信息。

（6）抬头显示（head-up display，HUD）　将信息显示在驾驶员正常驾驶时的视野范围内，使驾驶员不必低头就可以看到相应的信息。

（7）全景影像监测（around view monitoring，AVM）　向驾驶员提供车辆周围 360°范围内环境的实时影像信息。

（8）夜视（night vision，NV） 在夜间或其他弱光行驶环境中为驾驶员提供视觉辅助或警告信息。

（9）前向车距监测（forward distance monitoring，FDM） 实时监测本车与前方车辆车距，并以空间或时间距离等方式显示车距信息。

（10）前向碰撞预警（forward collision warning，FCW） 实时监测车辆前方行驶环境，并在可能发生前向碰撞危险时发出警告信息。

（11）后向碰撞预警（rear collision warning，RCW） 实时监测车辆后方环境，并在可能受到后方碰撞危险时发出警告信息。

（12）车道偏离预警（lane departure warning，LDW） 实时监测车辆在本车道的行驶状态，并在出现或即将出现非驾驶意愿的车道偏离时发出警告信息。

（13）变道碰撞预警（lane changing warning，LCW） 在车辆变道过程中，实时监测相邻车道，并在车辆侧方和/或侧后方出现可能与本车发生碰撞危险的其他道路使用者时发出警告信息。

（14）盲区监测（blind spot detection，BSD） 实时监测驾驶员视野盲区，并在其盲区内出现其他道路使用者时发出提示或警告信息。

（15）侧面盲区监测（side blind spot detection，SBSD） 实时监测驾驶员视野的侧方及侧后方盲区，并在其盲区内出现其他道路使用者时发出提示或警告信息。

（16）转向盲区监测（steering blind spot detection，STBSD） 在车辆转向过程中，实时监测驾驶员转向盲区，并在其盲区内出现其他道路使用者时发出警告信息。

（17）后方交通穿行提示（rear cross traffic alert，RCTA） 在车辆倒车时，实时监测车辆后部横向接近的其他道路使用者，并在可能发生碰撞危险时发出警告信息。

（18）前方交通穿行提示（front cross traffic alert，FCTA） 在车辆低速前进时，实时监测车辆前部横向接近的其他道路使用者，并在可能发生碰撞危险时发出警告信息。

（19）车门开启预警（door open warning，DOW） 在停车状态即将开启车门时，监测车辆侧方及侧后方的其他道路使用者，并在可能因车门开启而发生碰撞危险时发出警告信息。

（20）倒车辅助（reversing condition assist，RCA） 在车辆倒车时，实时监测车辆后方环境，并为驾驶员提供影像或警告信息。

（21）低速行车辅助（maneuvering aid for low speed operation，MALSO） 在车辆低速行驶时，探测其周围障碍物，并当车辆靠近障碍物时为驾驶员提供影像或警告信息。

2. 控制辅助类

（1）自动紧急制动（advanced emergency braking，AEB） 实时监测车辆前方行驶环境，并在可能发生碰撞危险时自动启动车辆制动系统使车辆减速，以避免碰撞或减轻碰撞后果。

（2）紧急制动辅助（emergency braking assist，EBA） 实时监测车辆前方行驶环境，在可能发生碰撞危险时提前采取措施以减少制动响应时间并在驾驶员采取制动操作时辅助增加制动压力，以避免碰撞或减轻碰撞后果。

（3）自动紧急转向（automatic emergency steering，AES） 实时监测车辆前方、侧方及侧后方行驶环境，在可能发生碰撞危险时自动控制车辆转向，以避免碰撞或减轻碰撞后果。

（4）紧急转向辅助（emergency steering assist，ESA） 实时监测车辆前方、侧方及侧后方行驶环境，在可能发生碰撞危险且驾驶员有明确的转向意图时辅助驾驶员进行转向操作。

（5）智能限速控制（intelligent speed limit control，ISLC）　自动获取车辆当前条件下所应遵守的限速信息，实时监测车辆行驶速度，以使其保持在限速范围之内。

（6）车道保持辅助（lane keeping assist，LKA）　实时监测车辆与车道线的相对位置，持续或在必要情况下控制车辆横向运动，使车辆保持在原车道内行驶。

（7）车道居中控制（lane centering control，LCC）　实时监测车辆与车道边线的相对位置，持续自动控制车辆横向运动，使车辆始终在车道中央区域行驶。

（8）车道偏离抑制（lane departure prevention，LDP）　实时监测车辆与车道边线的相对位置，在车辆将发生车道偏离时控制车辆横向运动，辅助驾驶员将车辆保持在原车道内行驶。

（9）智能泊车辅助（intelligent parking assist，IPA）　在车辆泊车时，自动检测泊车空间并为驾驶员提供泊车指示和/或方向控制等辅助功能。

（10）自适应巡航控制（adaptive cruise control，ACC）　实时监测车辆前方行驶环境，在设定的速度范围内自动调整行驶速度，以适应前方车辆和/或道路条件等引起的驾驶环境变化。

（11）全速自适应巡航控制（full speed range adaptive cruise control，FSRA）　实时监测车辆前方行驶环境，在设定的速度范围内自动调整行驶速度并具有减速至停止及从停止状态自动起步的功能，以适应前方车辆和/或道路条件等引起的驾驶环境变化。

（12）交通拥堵辅助（traffic jam assist，TJA）　在车辆低速通过交通拥堵路段时，实时监测车辆前方及相邻车道行驶环境，并自动对车辆进行横向和纵向控制，其中部分功能的使用需经过驾驶员的确认。

（13）加速踏板防误踩（anti-maloperation for accelerator pedal，AMAP）　在车辆起步或低速行驶时，因驾驶员误踩加速踏板产生紧急加速而可能与周边障碍物发生碰撞时，自动抑制车辆加速。

（14）酒精闭锁（alcohol interlock，AIL）　在车辆起动前测试驾驶员体内酒精含量，并在酒精含量超标时锁闭车辆动力系统开关。

（15）自适应远光灯（adaptive driving beam，ADB）　能够自动调整投射范围以减少对前方或对向其他车辆驾驶员炫目干扰的远光灯。

（16）自适应前照灯（adaptive front light，AFL）　能够自动进行近光/远光切换或投射范围控制，从而为适应车辆各种使用环境提供不同类型光束的前照灯。

四、典型 ADAS 功能实现

1. 自适应巡航控制（ACC）系统

ACC 系统由信息采集模块、控制模块、执行模块和人机交互界面组成，如图 1-6 所示。

信息采集模块包括测距传感器、转速传感器、转角传感器、节气门位置传感器等；执行模块包括加速控制器、制动控制器、档位控制器、转向控制器等；人机交互界面包括控制开关、状态显示器等。信息采集模块主要用于向控制模块提供自适应巡航控制所需要的各种信息；人机交互界面用于驾驶员设定系统参数及系统状态信息的显示等；控制模块根据驾驶员所设定数据，结合信息采集模块传来的信息决策出车辆的控制指令；执行模块主要执行控制模块发出的指令。

2. 自动紧急制动（AEB）系统

AEB 系统一般由信息采集模块、控制模块和执行模块组成，如图 1-7 所示。

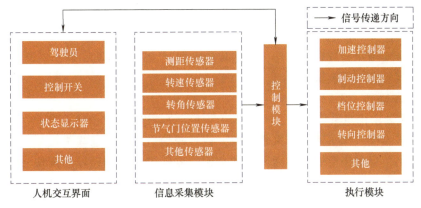

图 1-6 ACC 系统组成

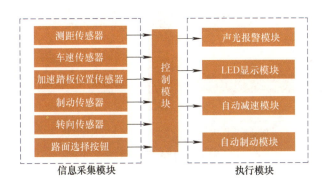

图 1-7 AEB 系统组成

信息采集模块包括测距传感器、车速传感器、加速踏板位置传感器、制动传感器、转向传感器、路面选择按钮等；执行模块包括声光报警模块、LED 显示模块、自动减速模块、自动制动模块等。其中信息采集模块主要对行车环境进行实时检测，得到相关行车信息；控制模块依照一定的算法程序对车辆行驶状况进行分析计算，判断车辆所适用的预警状态模型；执行模块用来执行相应的动作，实现相应的车辆制动过程。

3. 车道保持辅助（LKA）系统

LKA 系统一般由信息采集模块、控制模块和执行模块等组成，如图 1-8 所示。

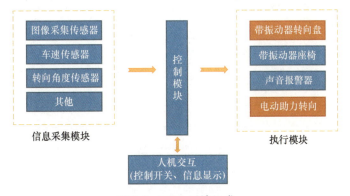

图 1-8 LKA 系统组成

信息采集模块包括图像采集传感器等环境感知传感器、车速传感器和转向角度传感器等车辆状态采集传感器。控制模块主要对采集的信息进行分析、计算、判断等。执行模块按照控制模块的指令实施报警或转向操作,包括转向盘振动、座椅振动和声音报警器等报警装置、电动助力转向等转向执行装置。

4. 智能泊车辅助(IPA)系统

IPA系统主要由信息采集模块、控制模块和执行模块组成,如图1-9所示。信息采集模块包括环境信息采集模块和车辆状态采集模块;执行模块包括转向盘操纵模块、加速控制器和制动控制器等。信息采集模块对路面环境和车辆位置等进行检测;控制模块将信息采集模块上传的数据进行分析处理后,做出自动泊车策略;执行模块负责精确控制转向盘的转动、加速和制动的运动,完成自动泊车。

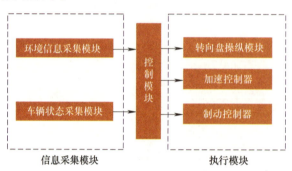

图1-9　IPA系统组成

任务实施

任务步骤	任务要点	实施记录
任务准备	1. 更换实训服,摘掉首饰,长发挽起并固定于脑后 2. 严禁非专业人员或无教师在场的情况下私自对部件进行操作 3. 总成拆装需要至少两人配合完成,不可一人单独作业	是否完成:是□ 否□
工具准备	联网计算机,纸笔,特殊工具	是否正常:是□ 否□ 特殊工具清单:_____
制订计划	根据任务目标,制订任务实施计划 	序　号	作业项目	实施要点

(续)

任务步骤	任务要点	实施记录
检查实训车辆	1. 确认实训车辆驻车制动处于锁止状态 2. 确认实训车辆点火开关处于 Lock 位置，操作另有要求除外 3. 检查车辆外观 4. 记录车辆 VIN 5. 在中国汽车网验证 VIN，网址：www.chinacar.com.cn/vin_index.html	是否正常：是□ 否□ 是否正常：是□ 否□ 是否正常：是□ 否□ 如有破损，部位：＿＿＿＿＿ VIN：＿＿＿＿＿＿＿＿＿＿ 车辆型号：＿＿＿＿＿＿＿ 底盘型号：＿＿＿＿＿＿＿ 发动机型号：＿＿＿＿＿＿ 生产批次：＿＿＿＿＿＿＿
分析实训车辆	1. 在手机上安装汽车品牌的 APP 2. 通过 APP 信息分析车辆的 ADAS 功能 3. 通过车辆主屏验证车辆的 ADAS 功能	是否完成：是□ 否□ 安装的 APP 有：＿＿＿＿＿＿ ＿＿＿＿＿＿＿＿＿＿＿＿＿ ＿＿＿＿＿＿＿＿＿＿＿＿＿ ＿＿＿＿＿＿＿＿＿＿＿＿＿ ADAS 功能：＿＿＿＿＿＿＿ ＿＿＿＿＿＿＿＿＿＿＿＿＿ ＿＿＿＿＿＿＿＿＿＿＿＿＿ ＿＿＿＿＿＿＿＿＿＿＿＿＿ ＿＿＿＿＿＿＿＿＿＿＿＿＿
ACC 功能检测	1. 起动车辆 2. 查找 ACC 按键位置	是否完成：是□ 否□ 开关位置： □转向盘 □中控台 □中控屏

（续）

任务步骤	任务要点	实施记录
ACC 功能检测	3. ACC 按键是否正常 4. 能否正常设定车速 5. 能否正常调节车距等级 6. 能否解除 ACC 设定 7. 本功能所使用的传感器有：	是否正常：是□ 否□ □正常，车速设定为_____ □不正常_____ □正常，车距设定为_____ □不正常_____ 是否正常：是□ 否□ _____ _____ _____
AEB 功能检测	1. 起动车辆 2. 查找 AEB 按键位置 3. AEB 按键是否正常 4. 进行系统灵敏度设置 5. 能否解除 AEB 设定 6. 本功能所使用的传感器有：	是否完成：是□ 否□ 开关位置： □转向盘 □中控台 □中控屏 是否正常：是□ 否□ □正常，灵敏度设置为_____ □不正常_____ 是否正常：是□ 否□ _____ _____ _____
LKA 功能检测	1. 起动车辆	是否完成：是□ 否□

（续）

任务步骤	任务要点	实 施 记 录
LKA 功能检测	2. 查找 LKA 按键位置 3. LKA 按键是否正常 4. 设置车道保持系统模式 5. 能否解除 LKA 设定 6. 本功能所使用的传感器有：	开关位置： □转向盘 □中控台 □中控屏 是否正常：是□ 否□ □正常，模式设置为□警告+辅助 　　　　　　　　　□警告 □不正常＿＿＿＿＿＿＿＿ 是否正常：是□ 否□ ＿＿＿＿＿＿＿＿＿＿＿＿ ＿＿＿＿＿＿＿＿＿＿＿＿
IPA 功能检测	1. 起动车辆 2. 查找 IPA 按键位置 3. IPA 按键是否正常 4. 设置泊车模式 5. 从车位旁驶过，系统能否自动识别车位 6. 是否挂入相应档位 7. 松开转向盘，系统是否接管转向操作 8. 踩下制动踏板控制车速 9. 是否规范完成停车入位 10. 本功能所使用的传感器有：	是否完成：是□ 否□ 开关位置： □转向盘 □中控台 □中控屏 是否正常：是□ 否□ □正常，模式设置为 　　□平行车位 　　□向后倒入垂直车位 　　□向前驶入垂直车位 □不正常＿＿＿＿＿＿ 是否正常：是□ 否□ 是否正常：是□ 否□ 是否正常：是□ 否□ □车速可控，车速为＿＿＿ □车速不可控 是否正常：是□ 否□ ＿＿＿＿＿＿＿＿＿＿＿

★ 质量评价

任务总结	对 ADAS 认知的小结： 工作实施情况反思：				
质量评价	评分项目	知识能力（25分）	实践能力（25分）	职业素养（25分）	工作规范6S（25分）	总评
	自我评分					
	小组评分					
	教师评分					
	合计					

回顾思考

一、填空题

1. ADAS 英文的全称是_____。
2. ADAS 的组成，可以分为_____、_____与_____等三个层。
3. 2019 年，我国工业和信息化部公示了名为_____的 ADAS 国家标准。
4. GB/T 39263—2020 标准规定了 ADAS 分成信息辅助类共_____项、控制辅助类共_____项。
5. AEB 的信息采集模块包括_____、_____、_____、_____、_____与_____。

二、选择题

1. 以下不是 ADAS 的是（　　）。
   A. DAM　　　　B. AVM　　　　C. ESP　　　　D. RCW
2. 以下不是 ADAS 的是（　　）。
   A. LDW　　　　B. LCW　　　　C. BSD　　　　D. EBD
3. 以下不是 ADAS 中控制辅助类的是（　　）。
   A. AEB　　　　B. AES　　　　C. SBSD　　　D. AMAP
4. 以下不是 ADAS 中信息辅助类的是（　　）。
   A. RCTA　　　B. ISLC　　　C. DOW　　　D. MALSO
5. 以下不是 ACC 系统传感器的是（　　）。
   A. 轮速传感器　B. 转角传感器　C. 超声波传感器　D. 曲轴位置传感器

三、判断题

1. ADAS 本质是辅助驾驶，不是自动驾驶。（ ）
2. ADAS 可以满足我国汽车驾驶自动化分级 L3 层级的要求。（ ）
3. EBD 是 ADAS 中的控制辅助类技术。（ ）
4. LCC 技术能够持续自动控制车辆横向运动，使车辆始终在车道中央区域内行驶。（ ）
5. TJA 技术能够同时对车辆实施横向和纵向控制。（ ）

四、简答题

1. 我国《道路车辆 先进驾驶辅助系统（ADAS）术语及定义》（GB/T 39263—2020）与国外主要 ADAS 的标准差异在何处？
2. ADAS 是自动驾驶技术吗？
3. 传感器在 ADAS 中的作用是什么？
4. ADAS 的环境感知传感器有哪些？
5. ADAS 需要使用轮速传感器、相位传感器等检测汽车汽车自身运行状态的传感器吗？
6. ADAS 与 L5 级自动驾驶系统的环境感知传感器有什么异同？

任务 3　环境感知传感器认知

任务目标

1. 理解传感器的定义与组成。
2. 理解环境感知传感器的功用。
3. 理解不同自动驾驶技术级别对环境感知传感器的不同需求。
4. 理解环境感知传感器装调、检测、标定的意义。

知识准备

一、传感器的定义与组成

传感器是一种能检测物理量、电量和化学量等信息，并能把它转换成控制系统能接收的电信号，能对信息进行采集和传输的器件。根据《传感器通用术语》（GB/T 7665—2005），传感器的定义为能感受被测量并按照一定的规律转换成可用输出信号的器件或装置，通常由敏感元件和转换元件组成，如图 1-10 所示。

图 1-10　传感器的组成

现代汽车已经安装了 100~200 个传感器用于采集汽车的工况信息，如空气流量传感器、曲轴位置传感器、氧传感器、爆燃传感器等。智能网联汽车还要增加环境感知传感器，如激光雷达、毫米波雷达、摄像头等。环境感知传感器，相对于以往使用的检测汽车运行状态的传感器，其结构、工作原理更复杂，更依赖于算法实现更复杂、更智能化的工作。

二、环境感知传感器的功用

智能网联汽车的关键词是智能和网联，其中智能主要是自动驾驶。自动驾驶汽车必须具有环境感知能力，能不断采集汽车外部环境信息，识别周围环境中静止和运动的物体，对识别的物体进行检测和跟踪，再通过相应的算法判断物体是否是目标物以及目标物对汽车的威胁程度。因此自动驾驶汽车应该具有探测视场、探测距离的能力，采集的数据应该覆盖车体周围 360°，实现自动驾驶时最远前方探测距离不小于 150m，后方探测距离不小于 80m，左右侧向探测距离不小于 20m。

环境感知传感器主要包括距离传感器、定位传感器。除了环境感知传感器，智能网联汽车仍然和普通汽车一样使用具有测控车辆自身运行状态功能的传感器，例如各种转速传感器、温度传感器、压力传感器等，智能网联汽车传感器如图 1-11 所示。环境感知传感器主要用于采集汽车行驶环境的外部数据，而汽车状态传感器则采集汽车运行自身数据，二者各司其职并且协同工作。

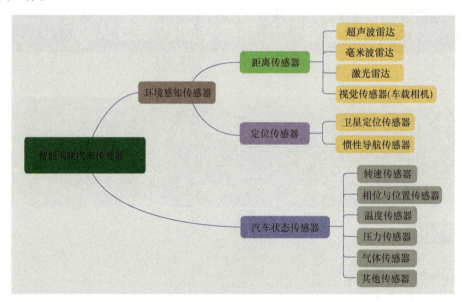

图 1-11 智能网联汽车传感器

三、不同自动驾驶技术级别对环境感知传感器的不同需求

没有一种传感器能够单独完成复杂的环境感知任务，通常是根据场景需求，从激光雷达、毫米波雷达、超声波雷达、摄像头、GPS 与惯性导航传感器中选择若干个传感器进行组合，并通过信息融合，协同感知汽车行驶场景的状况。不同场景智能网联汽车所使用的环境感知传感器如图 1-12 所示。

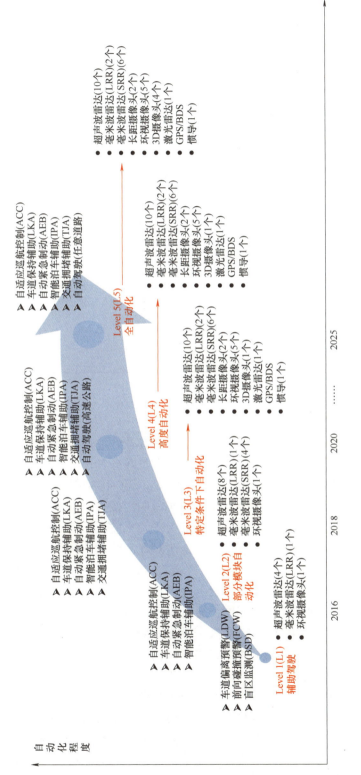

图1-12 不同场景智能网联汽车所使用的环境感知传感器

L1~L2 级别的智能网联汽车主要实现 ADAS 功能，通过超声波雷达、毫米波雷达和摄像头的组合可以满足驾驶辅助对环境感知的需求，L3~L5 级别的智能网联汽车需要增加更多的传感器来满足对更复杂环境进行感知的需求。

不同类型的环境感知传感器，具有各自的优点与缺点，环境感知传感器性能对比见表 1-6。

表 1-6 环境感知传感器性能对比

应用的技术或性能特点	超声波雷达	摄像头	激光雷达	毫米波雷达
远距离探测能力	弱	强	强	强
夜间工作能力	强	弱	强	强
全天候工作能力	弱	弱	弱	强
受气候影响	小	大	大	小
恶劣环境（烟雾、雨雪）工作能力	一般	弱	弱	强
温度稳定度	弱	强	强	强
车速测量能力	一般	一般	弱	强
目标识别能力	弱	强	一般	弱
避免虚报警能力	弱	一般	一般	强
硬件低成本可能性	高	一般	低	一般

超声波雷达的数据处理简单、快速，一般能检测到的距离为 1~5m，但不能检测详细的位置信息，主要用于近距离障碍物检测，通常用于倒车辅助。

毫米波雷达波束窄、分辨率高，抗干扰能力强，具有较好的环境适应性，下雨、大雾或黑夜等天气状况对毫米波的传输几乎没有影响，因此它可在各种环境下可靠地工作。毫米波雷达的不足是进行目标识别时，难以识别出正在转弯与正在换道的车辆。

摄像头，也称车载相机，采用机器视觉技术对所得的图像进行处理，主要用于车道线的识别、交通信号灯识别、障碍物的检测与跟踪和驾驶员状态监测。机器视觉技术受天气状况和光照条件变化的影响很大，并且无法直接得到检测对象的深度信息，但是它具有检测范围广、信息容量大、成本低等优点。

激光雷达方向性好、波束窄、无电磁干扰、获得距离及位置探测精度高。与机器视觉技术相比，激光雷达技术能解决图像模糊问题，通过激光雷达技术可以跟踪目标，获得周围环境的深度信息，因此其广泛应用于障碍物检测、环境三维信息的获取、车距保持、车辆避障。但是激光雷达成本昂贵，对控制单元的运算能力要求高，环境适应性差，雨、雾天气对工作效果会较生较大影响。

为了克服各种类型传感器的局限性、保证在任何时刻都能为车辆运行提供完全可靠的环境信息，智能车辆使用多个传感器进行数据采集，利用传感器信息融合技术对检测到的数据进行分析、综合、平衡，根据各个传感器信息在时间或空间的冗余或互补特性进行容错处理，扩大系统的时频覆盖范围，增加信息维度，避免单个传感器的工作盲区，从而得到所需要的环境信息。传感器融合技术如图 1-13 所示。

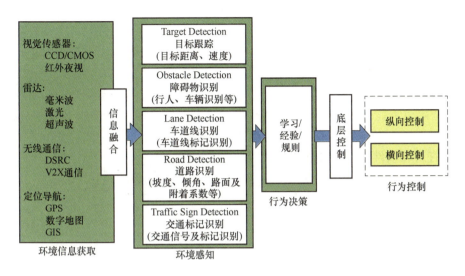

图 1-13　传感器融合技术

四、传感器的检测与标定

1. 以传感器为核心的检测方法

空气流量传感器、曲轴位置传感器等检测汽车运行状态的传感器，其结构与工作原理相对简单，其输出电子信号的类型可以分为模拟信号和数字信号。其中，模拟信号又可以分为直流信号和交流信号，数字信号又可以分为频率调制信号、脉宽调制信号和串行数据（多路）信号。

传感器输出电子信号的分析依据，有幅值、频率、形状、脉冲宽度和阵列 5 个可以度量的参数指标，每一类型的电子信号都可以由 5 种分析依据中的一个或多个特征组成，传感器电子信号的分析依据见表 1-7。

表 1-7　传感器电子信号的分析依据

判定依据		幅值	频率	形状	脉冲宽度	阵列
信号类型	直流信号	√				
	交流信号	√	√	√		
	频率调制信号	√	√	√		
	脉宽调制信号	√	√	√	√	
	串行数据（多路）信号	√	√	√		√

1）幅值，指电子信号在一定点上的即时电压，也表示波形最高和最低的差值。

2）频率，指电子信号的循环时间，即电子信号在两个事件或循环之间的时间，一般指每秒的循环数（Hz），也表示每秒的波形周期数。

3）形状，指电子信号的外形特征，包括曲线、轮廓、上升沿和下降沿等。

4）脉冲宽度，指电子信号所占的时间宽度，而占空比是指信号的脉冲宽度与信号周期的比值，用百分数表示。

5)阵列,指组成专门信息信号的重复方式。

传感器输出电子信号的检测工具有万用表、示波器、解码器和计算机专用程序等,检测方法有在路检测和开路检测等。通过以上 5 种判定依据对传感器输出电子信号进行分析,可以判断传感器自身的状态、是否有故障等。

但是,随着传感器越来越智能化,提供的电子信号的含义越来越复杂,会出现即使传感器自身没有故障也不能在接入系统后正常工作的情况,因此越来越多的汽车传感器在安装、更换、检修甚至 ECU 掉电以后,还要对传感器进行匹配和标定。

2. 模型在环和软件在环测试方法

在汽车涉及的各种控制算法开发流程中,为了降低研发成本,更早地发现算法中存在的问题和错误,常常在设计阶段进行相应的测试,在实际控制器完成以前进行模型在环测试和软件在环测试。

模型在环测试是一种解决设计复杂控制、信号处理以及通信系统中相关问题的数学和可视化方法,它通过改变一组模型参数或输入信号,或通过查看输出结果或模型的响应来验证控制逻辑。软件在环测试方法是指在主机中,对仿真中生成的代码或手写代码进行评估,以实现对生成代码的早期确认。为了提高测试效率,可以将软件在环与模型在环进行对比测试,实现模型和代码的同步执行。模型在环和软件在环测试示意如图 1-14 所示。

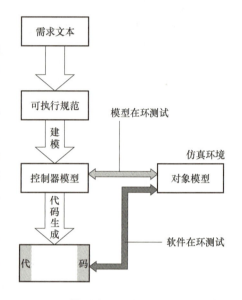

图 1-14 模型在环和软件在环测试示意

3. 传感器标定

传感器标定,是指确定传感器输入与输出之间的关系,包括内参标定与外参标定。

内参标定,一般指将传感器读数校正至实际数值处,一般通过修正变换进行,更关注准确度。不同的传感器有不同的标定内容,例如视觉传感器内参标定主要关注像素、色温、畸变等,距离传感器内参标定主要关注距离检测值与实际值是否在误差范围内。通常内参标定在工厂进行。

外参标定,是指传感器与外界工作环境进行参数融合的标定。例如定位传感器通常自身有一个坐标系,在不同传感器数据融合的过程中,数据在不同坐标系下的转换需要使用 2 个坐标系的外参,通常为旋转矩阵 R 和平移矩阵 T。

例如,把激光雷达安装到车体以后,需要把激光雷达的坐标系转化到统一的车体坐标系。静态特性是指在静态信号作用下,传感器输入与输出量之间的一种函数关系,其静态特性可表示为

$$y = a_0 + a_1 x + a_2 x^2 + \cdots + a_n x^n \tag{1-1}$$

传感器的动态特性是指传感器在测量快速变化的输入信号时,输出对输入的响应特性。

传感器标定应该使静态特性和动态特性都符合要求。还以激光雷达标定为例,首先应对激光雷达外部安装参数进行标定,然后通过激光雷达返回的极坐标数据实现单个激光雷达的数据转换,最后实现多个激光雷达数据转换。通过式(1-1)实现基准坐标的转化。

$$\begin{bmatrix} x \\ y \\ z \end{bmatrix} = \begin{bmatrix} 1 & 0 & 0 \\ 0 & \cos(-\beta_0) & -\sin(-\beta_0) \\ 0 & \sin(-\beta_0) & \cos(-\beta_0) \end{bmatrix} \begin{bmatrix} -d_i\cos(b_0+iA) \\ -d_i\sin(b_0+iA) \\ 0 \end{bmatrix} = \begin{bmatrix} -d_i\cos(b_0+iA) \\ -d_i\sin(b_0+iA)\cos\beta_0 \\ -d_i\sin(b_0+iA)\sin\beta_0 \end{bmatrix} \quad (1\text{-}2)$$

式中，β_0 为基准坐标系旋转的角度；d_i 为扫描距离；i 为激光雷达数据序列号；A 为设计采样步距。

通过式 1-2 建立车辆坐标系。

$$\begin{bmatrix} x_V \\ y_V \\ z_V \end{bmatrix} = \begin{bmatrix} -d_i\cos(b_0+iA)\cos\gamma + d_i\sin(b_0+iA)\sin\beta_0\sin\gamma \\ d_i\sin(b_0+iA)\cos\beta_0 + L \\ -d_i\cos(b_0+iA)\sin\gamma - d_i\sin(b_0+iA)\sin\beta_0\cos\gamma + H_L - H_V \end{bmatrix} \quad (1\text{-}3)$$

式中，L 为激光雷达安装点到车辆质心的距离沿 y 轴的分量；H_L 为激光雷达传感器安装点离地的高度；H_V 为汽车质心离地的高度。

标定传感器时必须要遵守的一个原则是：用精度高的测量规范对精度低的测量规范进行校正。例如：量块可以用千分尺标定，量块测得值被认为是实际值，而千分尺测得值称为读数。测量时还需要考虑随机误差，随机误差的存在使得每次测量都无法得到精确的值，但多次测量的读数一般呈正态分布，可用多次测量取平均值的方法消除随机误差的影响。

任务实施

任务步骤	任务要点	实施记录
任务准备	1. 更换实训服，摘掉首饰，长发挽起并固定于脑后 2. 严禁非专业人员或无教师在场的情况下私自对部件进行操作 3. 总成拆装需要至少两人配合完成，不可一人单独作业	是否完成：是□ 否□
工具准备	联网计算机，纸笔，特殊工具	是否正常：是□ 否□ 特殊工具清单：_____
制订计划	根据任务目标，制订任务实施计划 | 序 号	作业项目	实施要点
检查实训车辆	1. 确认实训车辆驻车制动处于锁止状态 2. 确认实训车辆点火开关处于 Lock 位置，操作另有要求除外 3. 检查车辆外观 4. 记录车辆 VIN 5. 在中国汽车网验证 VIN，网址：www.chinacar.com.cn/vin_index.html	是否正常：是□ 否□ 是否正常：是□ 否□ 是否正常：是□ 否□ 如有破损，部位：_____ VIN：_____ 车辆型号：_____ 底盘型号：_____ 发动机型号：_____ 生产批次：_____

(续)

任务步骤	任务要点	实施记录
认知环境感知传感器	在实训车辆上查找环境感知传感器，并将数量、位置、名称做记录	
记录超声波雷达的参数	在实训车辆上查找超声波雷达 ECU*2（电控单元） Sensor（传感器） Buzzer*2 (option)（蜂鸣器） Sensor（传感器） 在实训车辆或实验台上，用万用表、示波器等工具测量超声波雷达接口的电气数据	找到超声波雷达共_____个，分别位于车辆的_____、_____、_____和_____部位 超声波雷达 ECU 有____个，分别位于车辆的_____、_____部位 超声波雷达蜂鸣器有____个，分别位于车辆的_____、_____部位 实测数据记录 | IG 额定电压 | | | IG 工作电压 | | | Buzzer 驱动电压 | | | Buzzer 驱动频率 | | | 工作电流 | | | 上电起动时间 | | | 传感器发波频率 | |
记录毫米波雷达的参数	在实训车辆上查找毫米波雷达	找到毫米波雷达共_____个，分别位于车辆的_____、_____、_____和_____部位

（续）

任务步骤	任 务 要 点	实 施 记 录	
记录毫米波雷达的参数	查找雷达的铭牌标签，记录产品规格 E100200XX XX-XX-XXX-XXXX　XXXXXXXX ESRR-HV-X SW:XX.XX.XX　HW:XX.XX.XX （二维码） 试分析插头的端子定义	该雷达型号：_____ 软件版本：_____ 硬件版本：_____	
		探测范围	
		距离精度	
		距离分辨率	
		速度精度	
		速度分辨率	
		速度范围	
		水平角度精度	
		水平角度范围	
		垂直角度范围	
		最大目标数	
		数据更新时间	
		电源	
		工作频率	
		如有多个毫米波雷达，重复上述记录 端子1：_____ 端子2：_____ 端子3：_____ 端子4：_____ 端子5：_____ 端子6：_____ 端子7：_____ 端子8：_____	
记录激光雷达的参数	查找雷达的铭牌标签，记录产品规格	雷达型号	
		测距方式	
		激光波段	
		激光等级	
		激光通道	
		测量范围	
		测距精度	
		单回波数据速率	
		双回波数据速率	
		垂直视场角	
		水平视场角	
		垂直角度分辨率	
		水平角度分辨率	
		扫描速度	
		通信接口	
		供电范围	

33

（续）

任务步骤	任务要点	实施记录
记录激光雷达的参数	试分析雷达底座线缆端子定义 GPS授时 1 2 3 4 5 6 试分析接线盒 GPS 接口端子定义	端子1：_____ 端子2：_____ 端子3：_____ 端子4：_____ 端子5：_____ 端子6：_____ 端子1：_____ 端子2：_____ 端子3：_____ 端子4：_____ 端子5：_____ 端子6：_____
记录惯导传感器的参数	查找惯导传感器的铭牌标签，记录产品规格 试分析线缆定义 POWER　GNSS　GPRS	生产厂家：_____ 产品型号：_____ IMU 指标：_____ 通信接口：_____ POWER 线缆功用：_____ GNSS 线缆功用：_____ GPRS 线缆功用：_____

智能网联汽车及传感器认知　项目1

⭐ 质量评价

任务总结	对环境感知传感器认知的小结：				
	工作实施情况反思：				
质量评价	评分项目	知识能力 （25 分）	实践能力 （25 分）	职业素养 （25 分）	工作规范 6S （25 分）	总评
	自我评分					
	小组评分					
	教师评分					
	合计					

📖 回顾思考

一、填空题

1. 传感器是一种能检测物理量、电量和化学量等信息，并能把它转换成控制系统能接收的_____，也就是对信息进行采集和传输的器件。

2. 环境感知传感器主要包括_____、_____、_____、_____。

3. 传感器标定是确定传感器_____与_____之间的关系，包括内参标定与外参标定。

4. 静态特性是指在_____作用下，传感器输出量与输入量之间的一种函数关系；动态特性是指传感器在测量快速变化的_____信号情况下，输出量对输入量的响应特性。

5. 标定传感器时必须要遵守的一个原则是：用_____的测量规范对_____的测量规范进行校正。

二、选择题

1. 自动驾驶汽车必须具有环境感知能力，不断采集汽车外部环境信息，采集的数据应该覆盖车体周围（　　）。

　　A. 180°　　　　　　B. 270°　　　　　　C. 300°　　　　　　D. 360°

35

2. 用于采集汽车行驶环境的外部数据的传感器是（　　）。
   A. 环境感知传感器　　　　　　　　B. 转速传感器
   C. 温度传感器　　　　　　　　　　D. 压力传感器
3. 下列传感器属于汽车状态测控传感器的是（　　）。
   A. 超声波传感器　　　　　　　　　B. 摄像头
   C. 卫星定位传感器　　　　　　　　D. 转速传感器
4. 以下夜间工作能力弱但目标识别能力强的环境感知传感器是（　　）。
   A. 超声波雷达　　　　　　　　　　B. 摄像头
   C. 激光雷达　　　　　　　　　　　D. 毫米波雷达
5. 以下受气候影响小且远距离探测能力高的环境感知传感器是（　　）。
   A. 超声波雷达　　　　　　　　　　B. 摄像头
   C. 激光雷达　　　　　　　　　　　D. 毫米波雷达
6. 以下硬件成本最低的环境感知传感器是（　　）。
   A. 超声波雷达　　　　　　　　　　B. 摄像头
   C. 激光雷达　　　　　　　　　　　D. 毫米波雷达
7. 可以跟踪目标，获得周围环境的深度信息，广泛应用于障碍物检测、环境三维信息获取、车距保持、车辆避障的环境感知传感器是（　　）。
   A. 超声波雷达　　　　　　　　　　B. 摄像头
   C. 激光雷达　　　　　　　　　　　D. 毫米波雷达

三、判断题

1. 自动驾驶汽车的最远前方探测距离不小于120m，后方探测距离不小于80m，左右侧向探测距离不小于20m。（　　）
2. 复杂的环境感知任务能够通过单一的传感器实现。（　　）
3. 毫米波雷达不仅抗干扰能力强且具有较好的目标识别能力。（　　）
4. 超声波传感器的数据处理简单、快速，一般能检测到的距离为1~5m，主要用于近距离障碍物检测，通常用于倒车辅助。（　　）
5. 为了克服各种类型传感器的局限性、保证在任何时刻都能为车辆运行提供完全可靠的环境信息，需要用到传感器信息融合技术。（　　）
6. 传感器的外参标定指将传感器读数校正至实际数值处，一般通过修正变换进行，更关注准确度。（　　）
7. 传感器标定只需满足静态特性和动态特性中的一项即可。（　　）
8. 测量时考虑到测不准原理，随机误差的存在使得每次测量都无法得到精确的值，但多次测量的读数一般呈正态分布，可用多次测量取平均的方法消除随机误差的影响。（　　）

四、简答题

1. 请说明传感器的组成。
2. 请说明智能网联汽车传感器的分类。

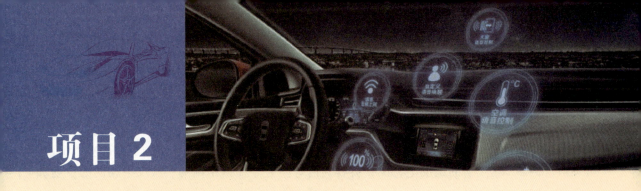

项目 2

超声波雷达装调与检测

任务 1　超声波雷达认知与安装

 **任务目标**

1. 了解超声波的特性。
2. 了解超声波雷达的定义与分类。
3. 了解超声波雷达的组成和工作原理。

 **知识准备**

一、超声波特性

超声波是一种频率高于 20kHz 的声波（机械波），它的方向性好，反射能力强，易于获得较集中的声能。超声波的波长很短，只有几厘米甚至千分之几毫米，因此具有以下特性。

1. 传播特性

超声波为直线式传播，绕射能力弱，反射能力强。这是因为超声波的波长很短，通常的障碍物尺寸要比超声波的波长长好多倍，因此超声波的衍射本领很差，它在均匀介质中能够定向直线传播。超声波的波长越短，该特性就越显著。

超声波在空气中传播的速度比较小。当在固体或者液体中传播时，超声波具有传播能量衰减比较小和穿透能力比较强的优点。介质的密度与弹性特性是影响超声波传播速度的主要因素。超声波在空气中的传播速度与温度、大气压力等因素有关，其中温度的影响更大。

2. 折射与反射特性

在同样的介质中，超声波将直线传播。但是，当超声波在两种不同的介质中传播时，在这两种介质的分界面上会产生两种不同的现象，部分声波被反射，其余的声波会穿过该分界面继续传播而产生折射，如图 2-1 所示。这种现象受介质的种类、形状的影响，在大气中，超声波即使是遇到人体也会出现明显的反射现象。

要注意多重反射的干扰。多重反射是指超声波在可检测物体上反射一次后的反射波反射到雷达探头或附近的物体、天花板面等，并再次回归反射到可检测物体的反射两次以上的反射波。例如2次反射的情况下，探头会收到恰好与处于2倍距离的一次反射相同的反射波。二次反射如图2-2所示。

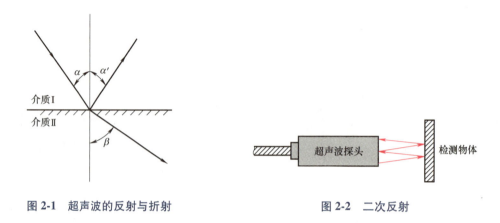

图2-1 超声波的反射与折射　　　　　图2-2 二次反射

3. 功率特性

当声波在空气中传播时，会推动空气中的微粒往复振动而对微粒做功，其功率与声波的频率成正比。由于超声波频率很高，所以超声波与一般声波相比，它的功率很大。当超声波频率变大时，其波束也会随着变窄，于是该超声波的定向传播和反射能力就会变强，它所携带的传播能量也会远远大于具有相同振幅的其他类型的声波。

4. 干涉特性

当两列超声波在某种介质中传播并相遇时，该介质中的某些质点的振动会相互加强，而另外有一些质点的振动会相互减弱，甚至有些质点的振动会完全抵消，这种现象称为超声波的干涉现象，如图2-3所示。由于超声波干涉现象的存在，在两列超声波辐射区的周围会形成一个包含有最强和最弱振动的扬声场。

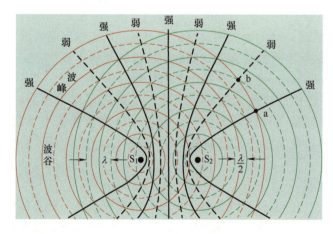

图2-3 超声波的干涉现象

5. 衰减特性

超声波在传播的过程中,其所携带的声能量会减少,这种特性称为超声波衰减特性。超声波产生衰减的原因主要有以下三点:

1)由声束的扩散而引起的衰减。这种衰减只与波形和距离有关,而与介质无关。

2)由散射而引起的衰减。当超声波在不同的介质中传播时,会产生散乱反射现象而使声能衰减。

3)由吸收而引起的衰减。当超声波想要传播时,质点需要振动而克服质点与质点之间的黏滞力,从而使声能衰减。

6. 空化作用

超声波作用于液体时可产生大量小气泡。一个原因是液体内局部出现拉应力而形成负压,压强的降低使原来溶于液体的气体过饱和,而从液体逸出,成为小气泡。另一个原因是强大的拉应力把液体"撕开"成一空洞,这种现象称为空化。空洞内为液体蒸气或溶于液体的另一种气体,甚至可能是真空。因空化作用形成的小气泡会随周围介质的振动而不断运动,长大或突然破灭。破灭时周围液体突然冲入气泡而产生高温、高压,同时产生激波。与空化作用相伴随的内摩擦可形成电荷,并在气泡内因放电而产生发光现象。在液体中进行超声处理的技术大多与空化作用有关。

超声波雷达作为测距传感器,在汽车倒车辅助系统中检测障碍物的距离与方位,在汽车上已经使用数十年之久,技术极为成熟,并且成本低廉。由于超声波的特性,与其他测距传感器相比,超声波雷达测距较短,但是受外界环境干扰小,可以全天候工作。在汽车上可以前后左右设置多个超声波雷达,全方位、无死角地识别近距离的障碍物,因此超声波雷达仍然具有较高的应用价值。

二、超声波雷达定义与分类

超声波雷达是利用超声波的特性研制而成的传感器,可以通过接收反射后的超声波探知周围的障碍物情况,它可以消除驾驶员在停车、倒车和起动车辆时前、后、左、右探视带来的麻烦,帮助驾驶员消除盲点和视线模糊缺陷,提高行车安全性。超声波雷达示意图如图2-4所示。超声波雷达有以下的特点:

1)超声波雷达的频率都相对固定,例如汽车上用的超声波雷达,频率有40kHz、48kHz和58kHz等,频率不同,探测的范围也不同。

2)超声波雷达结构简单、体积小、成本低、信息处理简单可靠、易于小型化与集成化,并且可以进行实时控制。

图2-4 超声波雷达示意图

3)超声波雷达灵敏度较高。

4)超声波雷达抗环境干扰能力强,对天气变化不敏感。

5)超声波雷达可在室内、黑暗中使用。

6)超声波雷达探测距离短,一般为3~5m,因此其应用范围受到限制。

7）超声波雷达适用于低速，在速度很高的情况下测量距离具有一定的局限性。

8）超声波有一定的扩散角，只能测量距离，不可以测量方位，所以只能在低速时使用，而且必须在汽车的前、后保险杠不同方位上安装多个超声波雷达。

9）超声波雷达不容易探测到低矮、圆锥形、过细的障碍物或者沟坎。

10）超声波雷达存在盲区。

超声波雷达是通过送波器（发射端）将超声波向对象物发送，通过受波器（接收端）接收超声波的反射波来检测对象物的有无，以及通过从超声波发射到接收所需要的时间和声速的关系，来计算雷达和对象物之间的距离。

按照安装方式分类，超声波雷达可以分为直射式和反射式，反射式又可以分为发射头与接收头分体、发射头与接收头一体两种形式。

按照实现超声换能器工作的物理效应不同分类，超声波雷达可分为电动式、电磁式、磁致伸缩式、压电式等，其中以压电式最为常用。

按照工作频率不同分类，超声波雷达有 40kHz、48kHz、58kHz 三种。一般来说，频率越高，灵敏度越高，但水平与垂直方向的探测角度也越小，汽车测距超声波雷达主要使用 40kHz。

按使用场景不同分类，汽车超声波雷达有驻车雷达（Ultrasonic Parking Assistant，UPA）和泊车雷达（Automatic Parking Assistant，APA）2 种。第一种是安装在汽车前后保险杠上的，用于测量汽车前后障碍物；第二种是安装在汽车侧面的，用于测量侧方障碍物。UPA 和 APA 的探测范围和探测区域都不太相同，如图 2-5 所示。图中的汽车配备了前后方向各 4 个 UPA，左右两侧各 2 个 APA。

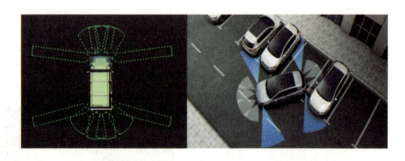

图 2-5　UPA 和 APA 探测范围探测区域示意图

UPA 是一种短程超声波，主要安装在车身的前部与后部，检测范围为 0.25~2.5m，由于检测距离大，多普勒效应和温度干扰小，检测更准确。

APA 是一种远程超声波传感器，主要用于车身侧面，检测范围为 0.35~5m，可覆盖一个停车位。它方向性强，超声波的传播性能优于 UPA，不易受到其他 APA 和 UPA 的干扰。APA 的探测距离优势让它不仅能够检测左右侧的障碍物，而且还能根据超声波雷达返回的数据判断停车位是否存在。因此，可用于自动泊车时的泊车库位检测。

三、超声波雷达的组成和工作原理

超声波雷达主要由发射器、接收器、控制部分与电源等组成。发射器由超声波发送器与陶瓷振子换能器组成，换能器的作用是将陶瓷振子的电振动能量转换成超声波能量并向空中辐射；而接收器由陶瓷振子换能器与放大电路组成，换能器接收超声波产生机械振动，将其转化为电能量，作为接收器的输出，从而对发送的超声波进行检测。控制部分主要对超声波发送器发送的脉冲链频率、占空比、稀疏调制、计数、探测距离等进行控制。图2-6所示为超声波雷达内部结构。

　　超声波雷达常用的材料是压电晶体和压电陶瓷，都是通过材料的压电效应来工作。

　　超声波雷达通过压电效应将电能和超声波相互转化，即在发射超声波的时候，将电能转换为机械能，而在收到回波的时候，则将超声振动转换成电信号。超声波的发射和接收，需要一种电能-机械能之间的能量转换装置，即换能器。超声波换能器的特点是能够完成超声波与电信号之间的相互转换，其核心是压电晶体，它是利用压电效应原理工作的。超声波换能器的内部结构如图2-7所示，它由压电晶片、锥形共振盘、引脚、外壳和防护网等部分组成。

图2-6　超声波雷达内部结构

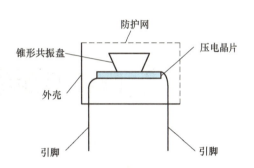

图2-7　超声波换能器的内部结构

　　超声波雷达的工作原理如图2-8所示，超声波雷达的工作原理是通过超声波发射装置向外发出超声波，通过接收器接收反射回来超声波时的时间差来测算距离。设超声波在空气中的传播速度为v(m/s)，发射点与障碍物表面之间的距离为S，可以根据计时器记录的时间t计算距离S。计算公式如下：

$$S = vt/2 \tag{2-1}$$

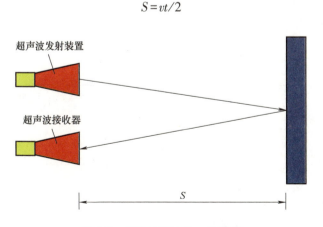

图2-8　超声波雷达的工作原理

四、超声波雷达的技术参数

1. 测量距离

测量距离取决于其使用的波长和频率,波长越长,频率越小,测量距离越大。测量汽车前后障碍物的短距超声波雷达,测量距离一般为 0.15~2.50m;安装在汽车侧面、用于测量侧方障碍物距离的长距超声波雷达,测量距离一般为 0.30~5.0m。

2. 测量精度

传感器测量值与真实值的偏差称为测量精度。超声波雷达测量精度主要受被测物体体积、表面形状、表面材料等影响。测量精度越高,感知信息越可靠。测量精度要求在±10cm 以内。

3. 探测角度

探测角度包括水平视场角和垂直视场角,如图 2-9 所示。

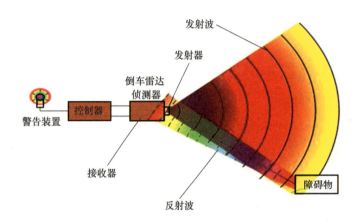

图 2-9 超声波雷达的水平视场角和垂直视场角

4. 工作频率

发射频率要求是(40±2)kHz,这样使传感器方向性尖锐,且避开了噪声,提高了信噪比。

5. 工作温度

由于超声波雷达应用广泛,有的应用场景要求温度很高,有的应用场景要求温度很低,因此,超声波雷达必须满足工作温度的要求。工作温度一般要求-30~80℃。

任务步骤	任务要点	实施记录
任务准备	1. 更换实训服,摘掉首饰,长发挽起固定于脑后 2. 严禁非专业人员或无教师在场的情况下私自对部件进行操作 3. 总成拆装需要至少两人配合完成,不可一人单独作业	是否完成:是☐ 否☐
工具准备	超声波雷达、智能传感器装配调试台架、安装工具等	是否正常:是☐ 否☐

超声波雷达装调与检测 项目2

（续）

任务步骤	任务要点	实施记录
制订计划	根据任务目标，制订任务实施计划 | 序　号 | 作业项目 | 实施要点 | |---|---|---| | | | | | | | | | | | | | | | | | | | |	
检查实训平台并开启总电源	 1. 检查实训平台是否平稳放置且脚轮锁紧 2. 检查漏电保护器是否正常 3. 检查电源插头是否破损，是否安全接地并处于干燥状态 4. 检查接入电源是否为220V 50Hz 交流电 5. 开启实训平台总电源，检查电源指示灯是否亮	是否完成：是□ 否□ 是否完成：是□ 否□ 是否完成：是□ 否□ 是否完成：是□ 否□ 是否完成：是□ 否□
超声波雷达认知	1. 填写超声波雷达的定义 2. 写出超声波雷达的分类及应用 3. 分析填写超声波雷达的工作原理	超声波是一种频率高于_____的声波（机械波），它的方向性好，反射能力强，易于获得较集中的声能。超声波雷达是利用_____的特性研制而成的传感器，可以通过接收反射后的超声波探知周围的障碍物情况 按照安装方式分类，超声波雷达可以分为_____和_____，反射式又可以分为发射头与接收头分体、发射头与接收头一体两种形式。按照实现超声换能器工作的物理效应不同分类，可分为_____、_____、_____，其中以压电式最为常用。按照工作频率不同分类，可以分为_____、_____、_____三种 _____发出的超声波脉冲，经介质（空气）传到障碍物表面，反射后通过介质（空气）传到接收头，测出超声波脉冲从发射到接收所需的_____，根据介质中的声速，求得从探头到障碍物表面之间的距离

43

（续）

任务步骤	任务要点	实施记录
超声波雷达安装	1. 关闭实训平台总电源 2. 在指定汽车安装位置打孔（智能网联台架确认安装位置） 3. 检查超声波雷达外观和线束是否完好 4. 超声波雷达与线束连接后，将线束穿过保险杠孔 5. 按压超声波雷达外围塑胶件，让超声波雷达垂直卡入保险杠 6. 检查超声波雷达功能是否完好，确认蜂鸣器是否有蜂鸣声，若无，记录雷达出现问题	是否完成：是□ 否□ 是否完成：是□ 否□ 是否完成：是□ 否□ 是否完成：是□ 否□ 是否正常：是□ 否□ 是否完成：是□ 否□ 若是蜂鸣器无声，记录雷达故障：＿＿＿＿＿＿＿＿
设备断电整理现场	将现场设备、工具等物品按 6S 标准清理归位	是否完成：是□ 否□
操作视频		

超声波雷达装调与检测　项目2

质量评价

任务总结	对超声波雷达认知与安装的小结：				
	工作实施情况反思：				
质量评价	评分项目	知识能力（25分）	实践能力（25分）	职业素养（25分）	工作规范6S（25分）	总评
	自我评分					
	小组评分					
	教师评分					
	合计					

回顾思考

一、填空题

1. 超声波测距、激光测距、毫米波测距的测距方式类似，都是将发射信号与回波信号进行比较，得到_____、相位或频率的差值，计算出发射与接收信号的_____，再分别根据机械波在空气中的_____，计算与障碍物的距离和相对速度。

2. 高精度的超声波测距系统，会加装_____，提供温度与超声波传播速度的修正。

3. 声波由声源_____产生，声波传播的空间称为_____，频率小于20kHz的声波称为_____。

4. 超声波衰减特性是指超声波在传播的过程当中其所携带的_____会有所减少。

二、选择题

1. 以下传感器中，适合近距离测距场景的是（　　）。
  A. 超声波雷达　　　　　　　　B. 激光雷达
  C. 毫米波雷达　　　　　　　　D. 摄像头

2. 以下受气候影响小且远距离探测能力高的环境感知传感器是（　　）。
  A. 超声波雷达　　　　　　　　B. 摄像头
  C. 激光雷达　　　　　　　　　D. 毫米波雷达

45

3. 影响超声波传播速度的主要因素是（　　）。
A. 介质的密度与温度特性　　　　B. 介质的种类与形状特性
C. 介质的密度与弹性特性　　　　D. 介质的形状与弹性特性
4. 空气中超声波传播速度的近似式为（　　）。
A. $c=323+0.61\theta$　　　　B. $c=331.5+0.61\theta$
C. $c=323-0.61\theta$　　　　D. $c=331.5-0.61\theta$
5. 以下硬件成本最低的环境感知传感器是（　　）。
A. 超声波雷达　　　　　　　　B. 摄像头
C. 激光雷达　　　　　　　　　D. 毫米波雷达
6. 人耳可以听到的声波的频率一般在（　　）之间。
A. 10Hz～20kHz　　　　　　　B. 20Hz～20kHz
C. 20Hz～10kHz　　　　　　　D. 30Hz～20kHz
7. 超声波的频率为（　　）。
A. 低于20Hz　　　　　　　　　B. 20Hz～20kHz
C. 高于20Hz　　　　　　　　　D. 高于20kHz
8. 题图2-1表示的是超声波的（　　）特性。

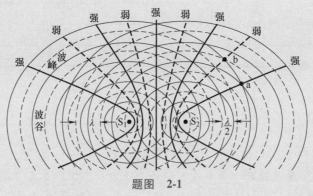

题图 2-1

A. 折射　　　　B. 反射　　　　C. 干涉　　　　D. 衰减

三、判断题

1. 次声波的波长很长，因此能绕大型障碍物发生衍射，不易衰减、不易被水和空气吸收。（　　）
2. 超声波作用于液体时产生空化作用而形成的小气泡会随周围介质的振动而不断运动、长大或突然破灭，小气泡长大时周围液体突然冲入气泡而产生高温、高压，同时产生激波。（　　）
3. 超声波的波长越长，绕射能力弱、反射能力强的特性越显著。（　　）
4. 在超声波雷达、激光雷达、毫米波雷达和摄像头中，激光雷达的探测距离最长。（　　）
5. 二次反射的情况下，超声波开关会收到恰好与一次反射相同的，经过2倍一次反射距离的反射波。（　　）

超声波雷达装调与检测　　项目2

6. 超声波本身频率很高，与一般声波相比，它的功率很大。当超声波频率变大时，其波束会随着变窄，该超声波的定向传播和反射能力会变强，它所携带的传播能量也会远远大于具有相同振幅的其他类型的声波。　　　　　　　　　　　　　　　　（　　）

7. 当两列超声波在某种介质中传播并相遇时，由于超声波干涉现象的存在，会在两列超声波辐射区的周围形成一个包含有最强和最弱振动的扬声场。　　　　　（　　）

8. 当声波在空气中传播时，会推动空气中的微粒往复振动而对微粒做功，其功率与声波的频率成反比。　　　　　　　　　　　　　　　　　　　　　　　　（　　）

四、简答题

1. 请画图说明超声波的折射与反射现象。
2. 请说明超声波产生衰减的原因。

任务 2　超声波雷达故障检测

任务目标

1. 了解超声波雷达的常见故障类型。
2. 能够根据故障现象，结合工作原理进行相关电路分析。
3. 掌握超声波雷达常见故障的检测方法。
4. 能够维修超声波雷达常见故障。

1. 超声波雷达常见故障类型

超声波雷达常见的故障类型主要有相关电路故障、部件故障、CAN 通信故障、系统软件故障和安装故障等，如图 2-10 所示。

图 2-10　常见故障类型

2. 常见故障

超声波雷达的常见故障如下：

1）开机无自检，超声波雷达不工作，蜂鸣器无提示声音。

分析检修：此故障表明雷达系统不能进入工作状态，先检查蜂鸣器是否正常，再检查电源线、接收器和各传感器的连线是否正确，接触是否良好。如果上述检查均正常，则表明主机损坏。

2）开机有自检，超声波雷达不工作。

分析检修：此故障表明雷达系统能进入工作状态，可能原因一般为超声波雷达与控制单元之间电路出现问题、超声波雷达自身故障及超声波雷达控制单元端点故障。

3）开机有自检，超声波雷达误报警。

分析检修：先确认雷达附近有无障碍物，再检查传感器安装是否正确，尤其是检查传感器固定卡是否将传感器压得太紧。若上述检查均正常，则说明传感器有故障，可断开相应连线进行判断。

4）开机有自检，超声波雷无法与显示控制单元通信。

分析检修：此类故障一般原因是超声波雷达控制单元与显示控制单元之间总线故障、超声波雷达控制单元针脚问题及显示控制单元自身问题等。

3. 故障案例

（1）故障现象 打开智能传感器装配调试台架电源开关，超声波雷达系统无自检，超声波雷达不工作，蜂鸣器无提示声音。

（2）控制原理分析 智能传感器装配调试台架超声波雷达控制电路如图2-11所示。

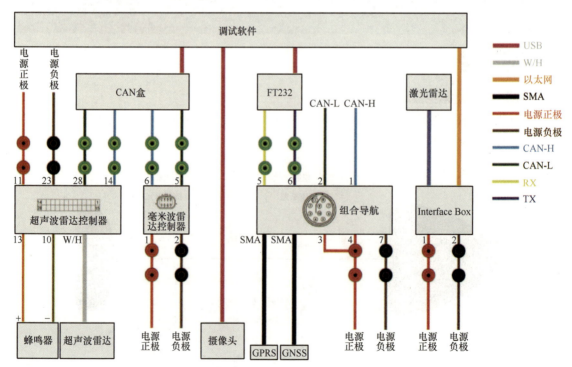

图2-11 超声波雷达控制电路

系统上电后超声波雷达自动进入工作状态，在控制器的控制下，超声波雷达发送超声波，遇到障碍物产生回波信号，超声波雷达接收到回波信号后，经控制器进行数据处理，从而计算出车体与障碍物之间的距离，判断出障碍物的位置，并驱动蜂鸣器工作，来提醒最近的障碍物距离及方位。

（3）故障原因分析　根据故障原因及控制原理分析，原因可能是台架自身供电故障、雷达控制系统供电故障、蜂鸣器供电故障、蜂鸣器自身故障、超声波雷达探头自身故障、超声波雷达控制单元自身故障及其他系统软件故障等。

（4）制订故障诊断方案　要求每组同学根据电路原理分析讨论制订故障诊断方案，并上台分享展示，进一步优化提高诊断方案，教师全程巡视答疑解惑。故障诊断流程参考如图 2-12 所示。

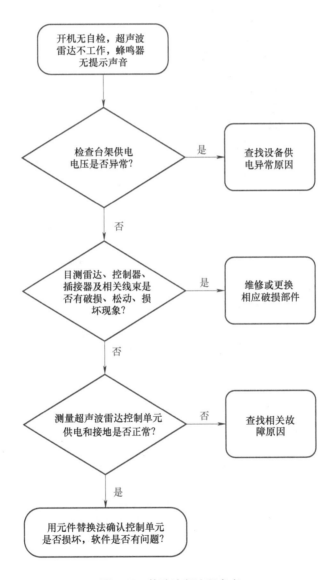

图 2-12　故障诊断流程参考

任务实施

任务步骤	任务要点	实施记录
任务准备	1. 更换实训服，摘掉首饰，长发挽起固定于脑后 2. 严禁非专业人员或无教师在场的情况下私自对部件进行操作 3. 总成拆装需要至少两人配合完成，不可一人单独作业	是否完成：是□ 否□
工具准备	安装工具、万用表、水平仪、示波器、拆装工具等	是否完成：是□ 否□
检查实训平台并开启总电源	1. 检查实训平台是否平稳放置且脚轮锁紧 2. 检查漏电保护器是否正常 3. 检查电源插头是否无破损，是否安全接地并处于干燥状态 4. 检查接入电源是否为 220V 50Hz 交流电源 5. 开启实训平台总电源，检查电源指示灯是否亮	是否完成：是□ 否□ 是否完成：是□ 否□ 是否完成：是□ 否□ 是否完成：是□ 否□ 是否完成：是□ 否□
故障现象	准备工作完成后，台架上电，打开系统，检查超声波雷达是否能正常工作，并记录故障现象	故障现象：_____
控制原理	查找电路，分析控制原理	控制原理：_____
故障原因分析	分析故障原因	故障可能原因：_____

（续）

任务步骤	任务要点	实施记录
制订诊断方案	制订故障诊断方案	诊断方案：_____
诊断测量过程	台架测量，查找故障	记录诊断结果：_____ 故障位置：_____
设备断电整理现场	将现场设备、工具等物品按 6S 标准清理归位	是否完成：是□ 否□
操作视频		

⭐ 质量评价

任务总结	对超声波雷达故障检测的小结： 工作实施情况反思：				
质量评价	评分项目	知识能力 （25分）	实践能力 （25分）	职业素养 （25分）	工作规范 6S （25分）	总评
	自我评分					
	小组评分					
	教师评分					
	合计					

> **回顾思考**

一、填空题

1. 智能传感器装配调试台架超声波雷达控制器电源电压范围是_____。
2. 智能传感器装配调试台架超声波雷达系统开机有自检，超声波雷达误报警，一般故障可能原因为_____、_____、_____、_____等。

二、判断题

1. 超声波雷达正常工作时用手触摸，有轻微振动感。（　　）
2. 台架正常上电后，超声波雷达控制系统有系统自检过程，超声波雷达控制器会控制蜂鸣器鸣叫 2~3s。（　　）
3. 根据障碍物离超声波探头距离的不同，蜂鸣器报警的频率会有相应的变化。（　　）
4. 台架正常上电后，蜂鸣器没有发出报警声，说明蜂鸣器坏了。（　　）
5. 超声波雷达控制器通过 CAN 总线和上位机进行通信。（　　）

任务 3　超声波雷达标定

> **任务目标**
>
> 1. 理解超声波雷达的测距原理。
> 2. 理解超声波雷达的标定方法。

 知识准备

一、超声波测距原理

超声波定位技术是蝙蝠等一些无目视能力的生物防御天敌及捕获猎物的生存手段，它们根据猎物或障碍物反射回波的时间间隔，判断猎物或障碍物的位置。超声波测距模仿了蝙蝠的超声波定位技术，利用超声波发射后遇到障碍物反射的原理来工作。但是蝙蝠的超声波定位是生物的本能，而在现实中超声波测距根据算法不同有相位检测法、幅值检测法和脉冲回波检测法 3 种。

1. 超声波相位检测法

首先检测出雷达发射出的超声波和机械回波之间的相位差，然后根据相位差计算出障碍物与超声波雷达之间的距离。

以正弦的超声波为例，假定发射信号为

$$u_T(t) = u_T \sin(\omega t + \varphi_0) \tag{2-2}$$

式中，φ_0 为所发射信号的初始相位角。

机械回波信号为

$$u_R(t) = u_R v \sin\left(\varphi t + \varphi_0 - \omega \frac{2S}{C} + \varphi_c\right) \quad (2\text{-}3)$$

式中，φ_c 为信号经过电路引起的相位差，$\frac{2S}{C}$ 为声波往返的时间，C 为传播介质系数。

于是发射信号与机械回波之间的相位差为

$$\Delta\varphi = \omega \frac{2S}{C} + \varphi_c \quad (2\text{-}4)$$

通过移相电路将 φ_c 抵消，可求得障碍物与雷达之间的距离为

$$S = \frac{C}{2\omega}\Delta\varphi = \frac{C}{4\pi f}\Delta\varphi = \frac{C}{4\pi f}(N2\pi + \varphi_i) \quad (2\text{-}5)$$

式中，N 为延迟的相位中所包含的整个周期的个数，由计数器测得；φ_i 为不完整周期的相位值，由相位比较器测得。

采用相位测距的精度较高，但是为了确定机械回波信号的相位，需要设置结构比较复杂的鉴别相位的电路来进行回波信号处理，成本较高。此外，在实际应用中测量距离较小，仅为 15~70cm。

2. 超声波幅值检测法

将回收到的机械回波信号进行处理，并将其转化为包络曲线，利用对该曲线的峰值分析来确定机械回波前沿最远所能到达的距离。对有相同距离的不同障碍物，机械回波的包络曲线大致相同，但其幅值不同；对于同一个障碍物，即使距离不同，其回波信号所产生的包络曲线仍然大致相似，但是每一个曲线的幅值不同。机械回波的前沿到达时间 t_0 与回波幅值时间 t 之间的时间差基本是固定不变的，只要通过回波信号包络曲线图的幅值确定回波幅值时间 t，再减去固有的时间差（$\Delta t = t - t_0$），就可以确定障碍物和超声波雷达之间的距离。

但是，这种方法仅通过回波幅值来判断距离，易受反射波的影响。

3. 超声波脉冲回波检测法

超声波测距原理如图 2-13 所示。首先超声波发射端（TX）发射具有一定频率的短促的超声波信号，同时启动时钟计数器，直到接收端（RX）收到障碍物发射的机械回波信号，并转换为相应的电信号。接收电路会将电信号放大，控制器会识别该信号，同时时钟计数器停止计数，读出计数器数值即可得到回波时间，从而计算出障碍物与雷达之间的距离。

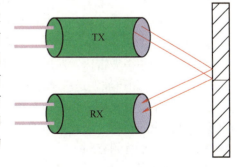

图 2-13 超声波测距原理

超声波脉冲回波检测法的输入、输出信号如图 2-14 所示，雷达的发射端（TX）输入的是一定频率的矩形波脉冲串，而接收端（RX）输出的是毫伏级的交流电信号。

接收时间与发射时间之差即超声波在空气中的回波时间，因此障碍物与雷达之间的距离为

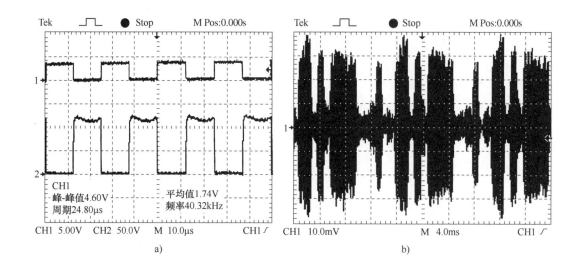

图 2-14 超声波脉冲回波检测法的输入、输出信号
a) 发射端输入矩形波脉冲 b) 接收端输出毫伏级的交流电信号

$$S = \frac{cT}{2} \tag{2-6}$$

式中，c 表示超声波在空气中传播的速度，在常温下约为 344m/s。如果考虑温度对超声波传播速度的影响则要进行温度系数修正。T 表示发射端与接收端的回波时间差。这种算法比较简单，非高精度的测距场景使用较多。

二、超声波雷达标定原理

超声波雷达可等效为 1 个电感、2 个电容和 1 个电阻的串并联电路，超声波雷达等效电路与电抗特性如图 2-15 所示。电抗图中左右两侧呈现电容性，中间呈现电感性，具有典型高 Q 值晶体振子特性。在 f_s 和 f_p 处出现两个阻抗最低点，因此有两个谐振峰。发射头在串联谐振峰有最高灵敏度，接收头在并联谐振峰有最高灵敏度。电路激励和接收频率要考虑在此谐振点工作。此外，由于雷达通常需要大功率驱动，有必要考虑用谐振升压推动。

目前使用的超声波雷达，适用于空气传播的频率为 40~300kHz，适用于液体传播的频率可以高达 1MHz。超声波发送应考虑的因素有：①量程范围；②目标距离和目标反射情况。

超声波频率高对探测较小目标有利，有效反射目标尺寸应大于超声波 10 个波长，对于非垂直于发射波束的目标，大波束角的传感器通常可以获得更强的回波信号，而波束角越窄对于减小散射波的干扰越有利。

（1）检测条件　超声波雷达特别适合在"空气"这种介质中工作。这种传感器也能在其他气体介质中工作，但需要进行灵敏度调节。

（2）盲区　直接反射式超声波雷达不能可靠检测位于超声波雷达换能器前段的部分物体。因此，超声波雷达换能器与检测范围起点之间的区域被称为盲区（不感应区）。超声波雷达在这个区域内必须保持不被阻挡的状态。图 2-16 中标记了超声波雷达的盲区（不感应区）、限定区和不确定区的区域尺寸。

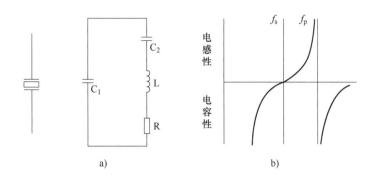

图 2-15 超声波雷达等效电路与电抗特性
a) 超声波雷达等效电路 b) 超声波雷达电抗特性

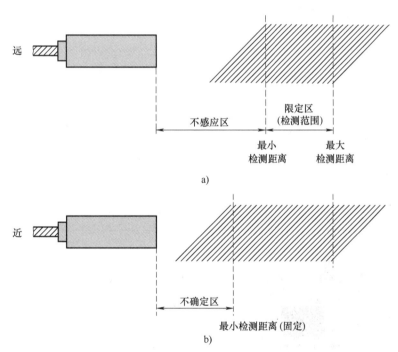

图 2-16 超声波雷达的盲区（不感应区）、限定区和不确定区
a) 远 b) 近

（3）空气温度与湿度 空气温度与湿度会影响声波的行程时间。空气温度每上升20℃，检测距离至多增加3.5%。在相对干燥的空气条件下，湿度的增加将导致声速最多增加2%。

（4）空气压力 常规情况下大气压变化±5%（选一固定参考点）将导致检测范围变化±0.6%。大多数情况下，传感器在500kPa压力下使用没有问题。

（5）气流 气流的变化将会影响声速。10m/s的气流速度造成的影响是微不足道的。在空气涡流比较普遍的条件下，对于灼热的金属而言，建议不要采用超声波雷达进行检测，因为对失真变形超声波的回声进行计算是非常困难的。

(6) 标准检测物　采用正方形反射板用于额定距离的标定。

(7) 防护等级　IP67：完全防尘；在恒温下浸入水下 1m 深处并放置 30min，能够有效防护。

任务实施

任务步骤	任务要点	实施记录
任务准备	1. 更换实训服，摘掉首饰，长发挽起固定于脑后 2. 严禁非专业人员或无教师在场的情况下私自对部件进行操作 3. 总成拆装需要至少两人配合完成，不可一人单独作业	是否完成：是□　否□
工具准备	超声波雷达、智能传感器装配调试台架、万用表、示波器、目标模拟器、卷尺（直尺）	是否正常：是□　否□
制订计划	根据任务目标，制订任务实施计划 | 序　号 | 作业项目 | 实施要点 | |---|---|---| | | | | | | | | | | | | | | | |	
检查实训平台并开启总电源	 1. 检查实训平台是否平稳放置且脚轮锁紧 2. 检查漏电保护器是否正常 3. 检查电源插头是否破损，是否安全接地并处于干燥状态 4. 检查接入电源是否为 220V 50Hz 交流电源 5. 开启实训平台总电源，检查电源指示灯是否亮	是否完成：是□　否□ 是否完成：是□　否□ 是否完成：是□　否□ 是否完成：是□　否□ 是否完成：是□　否□

（续）

任务步骤	任务要点	实施记录
超声波雷达标定	1. 开启智能传感器装配调试台架电源开关，打开蜂鸣器 2. 在超声波探头正前方放置目标模拟器（或站立人模拟障碍物） 3. 观察超声波蜂鸣器是否有蜂鸣声 4. 前后左右移动障碍物，观察是否有蜂鸣声 5. 使用卷尺（直尺）测量蜂鸣器有效距离（多次测量），下图为水平方向和垂直方向感应区域的参考图 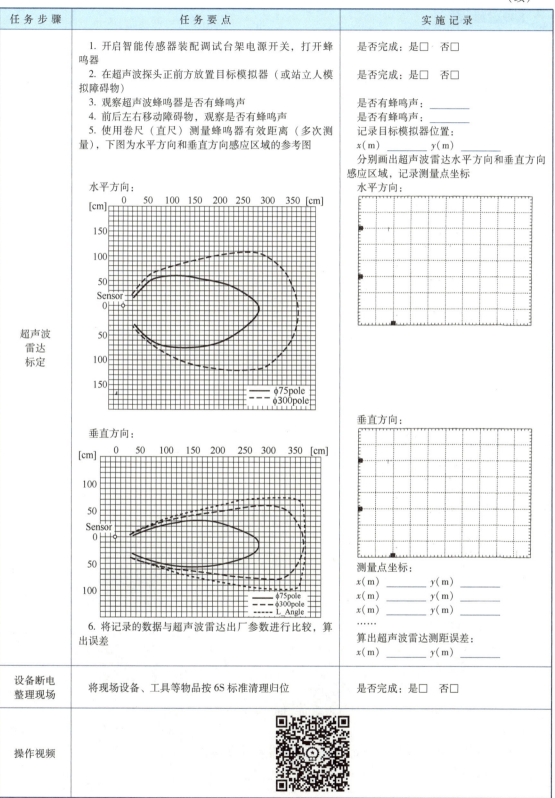 6. 将记录的数据与超声波雷达出厂参数进行比较，算出误差	是否完成：是□ 否□ 是否完成：是□ 否□ 是否有蜂鸣声：_____ 是否有蜂鸣声：_____ 记录目标模拟器位置： x(m) _____ y(m) _____ 分别画出超声波雷达水平方向和垂直方向感应区域，记录测量点坐标 水平方向： 垂直方向： 测量点坐标： x(m) _____ y(m) _____ x(m) _____ y(m) _____ …… 算出超声波雷达测距误差： x(m) _____ y(m) _____
设备断电整理现场	将现场设备、工具等物品按6S标准清理归位	是否完成：是□ 否□
操作视频		

质量评价

任务总结	对超声波雷达标定的小结： 工作实施情况反思：				
质量评价	评分项目	知识能力 （25分）	实践能力 （25分）	职业素养 （25分）	工作规范6S （25分）	总评
	自我评分					
	小组评分					
	教师评分					
	合计					

回顾思考

一、填空题

1. 超声波测距模仿了_____的超声波定位技术，利用超声波发射后遇到障碍物_____的原理来工作。

2. 超声波幅值检测法是将回收到的_____信号进行处理，并将其转化为_____，利用对该曲线的_____分析来确定机械回波前沿最远所能到达的距离。

3. 如题图2-2所示，超声波发射端（TX）发射的是具有_____频率的_____的超声波信号。

4. 使用超声波脉冲回波检测法时，障碍物与雷达之间的距离为_____。

5. 使用超声波相位检测法进行测距时，需要设置结构比较复杂的鉴别_____的电路来进行_____处理。

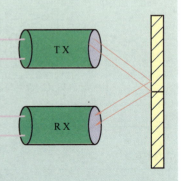

题图 2-2

二、选择题

1. 以下超声波测距方法中会将机械回波信号转换为相应的电信号的是（　　）。
   A. 相位检测　　　　　　　　　　　B. 频率检测
   C. 幅值检测　　　　　　　　　　　D. 脉冲回波检测

2. 超声波的发射信号与机械回波之间的相位差为（　　）。
   A. $\Delta\varphi=\omega\dfrac{S}{c}-\varphi_c$　　　　　　　　B. $\Delta\varphi=\omega\dfrac{S}{c}+\varphi_c$
   C. $\Delta\varphi=\omega\dfrac{2S}{c}-\varphi_c$　　　　　　　D. $\Delta\varphi=\omega\dfrac{2S}{c}+\varphi_c$

3. 超声波相位测距法能测量的距离为（　　）。
   A. 10~70cm　　　　　　　　　　　B. 15~70cm
   C. 10~75cm　　　　　　　　　　　D. 15~75cm

4. 常温下超声波在空气中传播的速度约（　　）。
   A. 323m/s　　　　　　　　　　　　B. 331.5m/s
   C. 344m/s　　　　　　　　　　　　D. 386m/s

5. 以下超声波测距方法中受温度影响较大的是（　　）。
   A. 相位检测　　　　　　　　　　　B. 频率检测
   C. 幅值检测　　　　　　　　　　　D. 脉冲回波检测

6. 在使用超声波相位检测法进行测距时，障碍物与雷达之间的距离为（　　）。
   A. $S=\dfrac{c}{2\pi f}(N2\pi-\varphi_i)$　　　　　　B. $S=\dfrac{c}{2\pi f}(N2\pi+\varphi_i)$
   C. $S=\dfrac{c}{4\pi f}(N2\pi-\varphi_i)$　　　　　　D. $S=\dfrac{c}{4\pi f}(N2\pi+\varphi_i)$

7. 以下超声波测距方法中易受反射波影响的是（　　）。
   A. 相位检测　　　　　　　　　　　B. 频率检测
   C. 幅值检测　　　　　　　　　　　D. 脉冲回波检测

8. 以下超声波测距方法中测量距离较小的是（　　）。
   A. 相位检测　　　　　　　　　　　B. 频率检测
   C. 幅值检测　　　　　　　　　　　D. 脉冲回波检测

三、判断题

1. 蝙蝠等一些无目视能力的生物将超声波定位技术作为防御天敌及捕获猎物的生存手段，它们根据猎物或障碍物反射回波的时间间隔，判断猎物或障碍物的位置。（　　）
2. 在使用超声波相位检测法进行测距时，延迟的相位中所包含的整个周期的个数 N 由计数器测得，不完整周期的相位值 φ_i 由相位比较器测得。（　　）
3. 超声波相位测距法因精度高、成本低，所以被广泛应用。（　　）
4. 对于不同障碍物，不管距离相不相同，机械回波的包络曲线都大致相同，但其幅值不同。（　　）
5. 由于机械回波的前沿到达时间 t_0 与回波幅值时间 t 之间的时间差基本是固定不变

的,所以只要通过回波信号包络曲线图的幅值确定回波幅值时间 t,就可以确定障碍物距离超声波雷达的距离。   (   )

6. 超声波幅值检测法判断距离所需的参数少且精度高。   (   )

7. 使用超声波脉冲回波检测法进行测距时,雷达的发射端输入的是一定频率的矩形波脉冲串,而接收端输出的是毫伏级的直流电信号。   (   )

8. 非高精度的测距场景使用较多的测距方法是幅值检测法。   (   )

四、简答题

1. 请对比几种超声波测距法,说明其优缺点。

2. 请根据题图 2-3 超声波测距原理图,说明其测距方法。

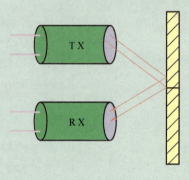

题图 2-3

项目 3

毫米波雷达装调与检测

任务 1　毫米波雷达认知与安装

1. 掌握毫米波雷达的分类及特性。
2. 熟悉毫米波雷达的基本组成。
3. 了解毫米波雷达的应用场景。

一、毫米波特性

毫米波是指波长为 1~10mm 的电磁波，对应的频率范围为 30~300GHz，毫米波的波长短、频段宽，易实现窄波束，分辨率高，不易受干扰。毫米波雷达在智能驾驶方面主要用于采集车辆前方、后方和侧向运动目标的位置和运动速度，以及毫米波易于识别的静态目标。频段在 1GHz 以下的属于普通频段，频段在 1~30GHz 的属于微波，频段在 30~300GHz（波长 1~10mm）的属于毫米波。毫米波位于微波与远红外波相交叠的波长范围，因而兼有两种波谱的特点，其理论和技术分别是微波向高频的延伸和光波向低频的发展。毫米波频段具有以下特性：

（1）频带宽　通常认为毫米波频率范围为 26.5~300GHz，带宽高达 273.5GHz，超过从直流到微波带宽之和的 10 倍。即使考虑大气吸收，在大气中传播时使用 4 个主要窗口，但这 4 个窗口的总带宽也可达 135GHz，是微波以下各频段带宽之和的 5 倍，可以容纳大量系统信号在该频段工作而不会产生相互干扰。5G 通信技术也使用了毫米波频段。

（2）波长短　毫米波波长为 1~10mm，毫米波的频率介于红外波和厘米波之间，所以综合了二者的一些优点：能像厘米波一样在全天候环境使用，抗干扰能力强，不受物体表面形状、颜色的干扰；又具有红外波一样的高分辨率，可以分辨相距更近的小目标，能更为清晰地观察目标的细节,易于利用多普勒效应对动态目标进行识别。

(3) 大气传播衰减大　毫米波在非大气窗口频率传播时,大气对毫米波具有较强的衰减作用,尤其在 60GHz、120GHz、180GHz 这 3 个频段附近衰减出现极大值,即衰减峰。但是即使如此,毫米波相对于激光和红外线,对水滴、尘埃和烟雾的穿透能力更强,在目前智能汽车上使用的环境感知雷达中,毫米波雷达几乎是唯一可以全天候工作的。车载毫米波雷达的探测距离一般为 150~200m,有些能够达到 300m,能够满足高速行驶环境下对较大距离范围的环境监测需要。

毫米波还具有波束窄、天线口径小,雷达更容易小型化的优点。

二、毫米波雷达的分类及特性

毫米波雷达是工作在毫米波频段的雷达,它通过发射与接收高频电磁波来探测目标,后端信号处理模块利用回波信号计算出目标的距离、速度和角度等信息、毫米波雷达实物如图 3-1 所示。

图 3-1　毫米波雷达实物

毫米波雷达按工作原理分类有脉冲式毫米波雷达和调频式连续毫米波雷达。

毫米波雷达按探测距离分类有近距离毫米波雷达、中距离毫米波雷达、远距离毫米波雷达。

毫米波雷达按工作频段分类有 24GHz、77GHz 和 79GHz 频段毫米波雷达。其中 77GHz 远距离探测可达 280m,探测幅度窄,体积较小,便于安装,识别精度高(厘米级),24GHz 近距离可探测 0~120m,探测幅度宽,体积更小。

车载毫米波雷达的研究始于 20 世纪 60 年代,研究主要在德、美、日等发达国家内展开。由于激光雷达的成本居高不下以及 DSP 技术的发展,毫米波雷达的研究受到重视。20 世纪 90 年代,美国、日本、德国的研究先后取得突破,德国 ADC 公司最先研究出 76.5GHz 的 ASR100 雷达,采用机械扫描天线;日本以丰田为首的三家公司联合研制了世界公认的第一款相控阵雷达,能够对 7~150m 范围内的物体进行测试。

目前世界各国对车载毫米波雷达分配频段各有不同,主要有 24GHz、60GHz、77GHz 和 79GHz 几个频段。实际上按频段分,24GHz 不属于毫米波,但是其传播特性与毫米波极为相似。

2015 年日内瓦世界无线电通信大会将 77.5~78.0GHz 频段划分给无线电定位业务,以支持短距离高分辨率车载雷达的发展,因此 77GHz 逐渐成为主流。77GHz 带宽更大、分辨率更高、抗干扰能力更强,并且毫米波对行人的反射波识别能力较弱,使用分辨率更高的 77GHz 会加强毫米波雷达对物体的识别能力。

应用在智能网联汽车领域的毫米波雷达主要有 3 个频段,分别是 24GHz、77GHz 和 79GHz。不同频段的毫米波雷达有着不同的性能,见表 3-1。

毫米波雷达装调与检测 　项目 3

表 3-1　不同频段的毫米波雷达有着不同的性能

频　段	24GHz	77GHz	79GHz
带宽	100MHz	500MHz	2GHz
距离	中近距离	中长距离	中长距离
距离分辨率	1.5m	0.3m	0.075m
角度分辨率	较差	7~14°（2T_X，4R_X）	7~14°（2T_X，4R_X）
点云	N.A.	较差	较好
主要应用	盲点检测系统后碰撞预警系统	侧向交通辅助系统和变道辅助系统	自适应巡航系统、自动紧急制动系统和前碰撞预警系统
国内频段	已批准	已批准	未开放

现阶段各国对毫米波雷达在智能汽车上的应用是以 24GHz SRR（Short Range Radar）系统 +77GHz LRR（Longe Range Radar）系统的形式出现的，24GHz 毫米波雷达主要负责近距离探测，探测距离是 30m、探测角度是水平±80°，主要可以用于盲点检测系统和后碰撞预警系统等。77GHz 毫米波雷达主要负责中长距离探测，中距离毫米波雷达的探测距离是 80m、探测角度是水平±40°，主要可以用于侧向交通辅助系统和变道辅助系统等；长距离毫米波雷达的探测距离是 200m、探测角度是水平±18°，主要可以用于自适应巡航系统、自动紧急制动系统和前碰撞预警系统等。在我国，2005 年原产业信息部将 76~77GHz 的频段，2012 年工业和信息化部将 24~26GHz 的频段划给车载毫米波雷达使用。

德国博世公司和德国大陆公司在汽车毫米波雷达市场占有率接近 50%，博世公司的核心毫米波雷达产品是长距离雷达，主要用在自适应巡航系统，大陆公司的产品较为全面。

目前车载毫米波雷达采集数据项包括：车辆前向、后向和侧向障碍物体的位置和速度等信息，常用前向毫米波雷达和角向毫米波雷达性能指标见表 3-2。

表 3-2　常用前向毫米波雷达和角向毫米波雷达性能指标

序　号	指　　标	前向毫米波雷达	角向毫米波雷达
1	方位角范围	25°±5°	110°±10°
2	俯仰角范围	4.5°±0.5°	4.5°±1.5°
3	相对速度范围	−120~250km/h	−120~250km/h
4	探测距离范围	0.5~190m（RCS=10m^2） 0.5~100m（RCS=3m^2）	0.5~70m（RCS=10m^2） 0.5~30m（RCS=3m^2）
5	距离分辨率	0.5m	0.5m
6	方位角分辨率	0.2°	0.2°
7	俯仰角分辨率	1°	—
8	相对速度分辨率	1m/s	1m/s
9	距离精度	±0.5m	±0.5m
10	方位角精度	±0.1°	±0.1°
11	俯仰角精度	±0.5°	—
12	相对速度精度	±0.5ms	±0.5ms
13	工作频率	20Hz	20Hz
14	工作温度	−40~85℃	−40~85℃

三、毫米波雷达的组成

毫米波雷达的组成包括外壳、天线、雷达天线高频印制电路板（PCB）和前端单片微波集成电路（MMIC），如图3-2所示。

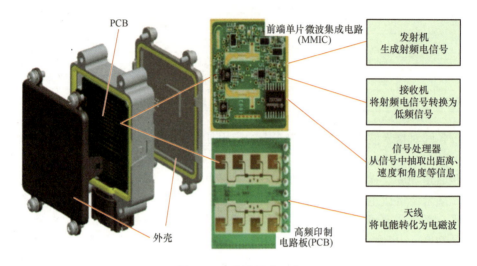

图3-2 毫米波雷达组成

天线包括发射天线和接收天线，分别发射和接收毫米波。

雷达天线高频PCB：毫米波雷达天线的主流方案是微带阵列，即将高频PCB集成在普通的PCB上实现天线的功能，需要在较小的集成空间中保持天线足够的信号强度。

毫米波雷达波长为几毫米，由于天线尺寸和波长相当，所以毫米波雷达的天线可以很小，从而可以使用多根天线来构成阵列天线，达到窄波束的目的，随着收发天线个数的增多，这个波束可以很窄。

由于波长很短，毫米波雷达可以使用一种微带贴片天线，在PCB上的Ground层上铺几个开路的微带线，就能做天线。这个导致毫米波雷达的天线可以做成PCB。

前端单片微波集成电路（MMIC）：包括多种功能电路，如低噪声放大器（LNA）、功率放大器、混频器等。它具有电路损耗小、噪声低、频带宽、动态范围大、功率大、附加效率高、抗电磁辐射能力强等特点。

24GHz和77GHz毫米波雷达组成如图3-3所示。

车载雷达中比较常见的是平面天线阵列雷达，平面雷达没有旋转机械部件，从而能保证更小的体积和更低的成本，其内部构造如图3-4所示。

其中，天线板上从上至下分

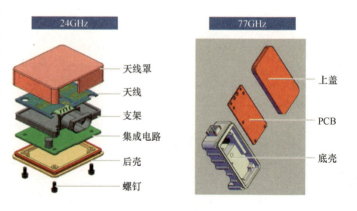

图3-3 24GHz和77GHz毫米波雷达组成

毫米波雷达装调与检测　　项目3

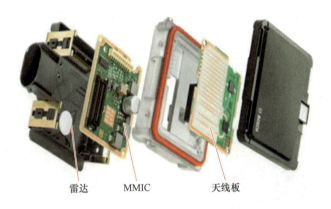

图 3-4　平面天线阵列雷达的内部构造

别是 10 根发射天线 TX1，然后是 2 根发射天线 TX2，最后是 4 根接收天线 RX1 至 RX4。因为近处的视角（FOV）比较大，大概有 90°，所以需要更多天线，而远处的视角小，大概只有 20°，所以两根天线就够了。

四、毫米波雷达的应用

前向雷达和后向雷达广泛应用于智能网联汽车的各类先进辅助驾驶系统（ADAS）上，例如自适应巡航控制（ACC）、自动紧急制动（AEB）、前向碰撞预警（FCW），盲区监测（BSD）、变道辅助（LCA）、后向碰撞预警（RCW）、倒车辅助（RCA）、后方交通穿行提示（RCTA）、车门开启预警（DOW）等。图 3-5 是毫米波雷达典型应用案例。

图 3-5　毫米波雷达典型应用案例

五、毫米波雷达的安装

毫米波雷达安装时首先需要找到雷达安装载体（三脚架或车辆，后同）纵向对称平面。毫米波雷达安装角度示意如图 3-6 所示。

毫米波雷达在安装时需要确保其水平角度、横摆角度和俯仰角度均小于 0.5°。其中水平角度和俯仰角度可以通过角度尺和重锤等工具进行测量,并通过调整雷达安装机构来满足雷达安装的角度要求,毫米波雷达校准如图3-7所示。

图3-6　毫米波雷达安装角度示意
α—横摆角　β—俯仰角　γ—水平角

图3-7　毫米波雷达校准

毫米波雷达的横摆角度可以通过在安装载体正前方放置小横截面积的金属障碍物(图3-8角锥)测量,观察毫米波雷达的横向距离,应使其尽可能小。前置毫米波雷达校准如图3-8所示。

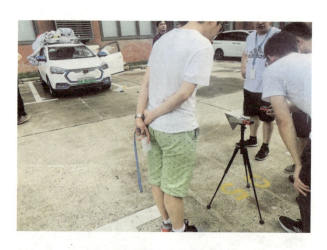

图3-8　前置毫米波雷达校准

任务实施

任务步骤	任务要点	实施记录
任务准备	1. 更换实训服,摘掉首饰,长发挽起固定于脑后 2. 严禁非专业人员或无教师在场的情况下私自对部件进行操作 3. 总成拆装需要至少两人配合完成,不可一人单独作业	是否完成:是□　否□

（续）

任务步骤	任务要点	实施记录
工具准备	毫米波雷达、智能传感器装配调试台架、安装工具等	是否正常：是□ 否□
制订计划	根据任务目标，制订任务实施计划 | 序　号 | 作业项目 | 实施要点 | |---|---|---| | | | | | | | | | | | |	
检查实训平台并开启总电源	 1. 检查实训平台是否平稳放置且脚轮锁紧 2. 检查漏电保护器是否正常 3. 检查电源插头是否破损，是否安全接地并处于干燥状态 4. 检查接入电源是否为220V 50Hz交流电源 5. 开启实训平台总电源，检查电源指示灯是否亮	是否完成：是□ 否□ 是否完成：是□ 否□ 是否完成：是□ 否□ 是否完成：是□ 否□ 是否完成：是□ 否□
毫米波雷达认知	1. 填写毫米波雷达的定义 2. 填写毫米波雷达的分类 3. 填写毫米波雷达的组成	毫米波是指波长为_____的电磁波，对应的频率范围为_____ 毫米波雷达是工作在_____频段的雷达，它通过发射与接收高频电磁波来探测目标，后端信号处理模块利用_____计算出目标的距离、速度和角度等信息 毫米波雷达按工作原理可分为_____、_____ 毫米波雷达按探测距离可分为_____、_____、_____ 毫米波雷达按工作频段可分为_____、_____ 毫米波雷达系统主要包括：_____、_____与_____和_____

(续)

任务步骤	任务要点	实施记录
毫米波雷达安装	1. 关闭实训平台总电源 2. 将毫米波雷达放在专用工位上  3. 用记号笔标记雷达安装位置 4. 将毫米波雷达安放在台架上并安装紧固螺栓 5. 连接好毫米波雷达线束插头 6. 按照标记点位置调整并紧固毫米波雷达  7. 进行 CAN 总线分析仪自检，按照下图连接 CAN 总线分析仪电路，测试结果显示测试通过即完成自检 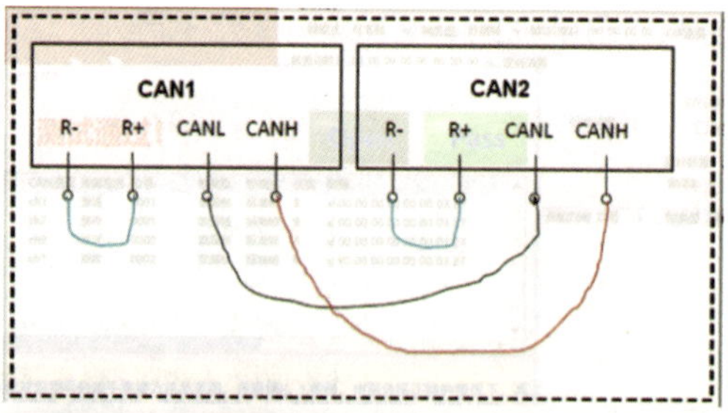 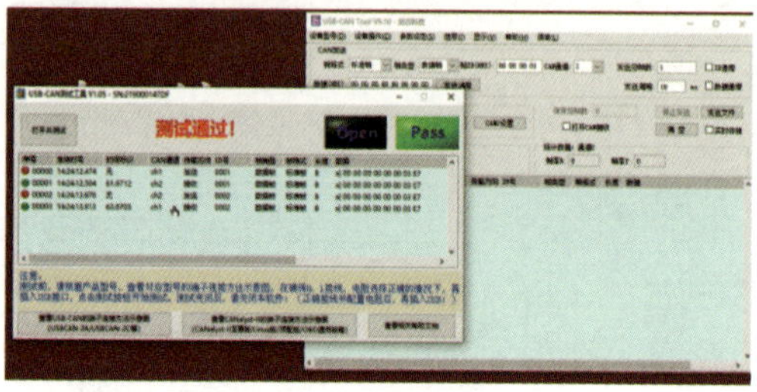	是否完成：是□ 否□ 是否完成：是□ 否□ 是否完成：是□ 否□ 是否完成：是□ 否□ 是否完成：是□ 否□ 记录毫米波雷达安装水平角度和垂直角度 水平角度：_____ 垂直角度：_____

（续）

任务步骤	任务要点	实施记录
毫米波雷达安装	8. 检查毫米波传感器功能是否完好，连接 CAN 总线分析仪，采集数据进行观察，若无数据，检查故障	是否完好：是□ 否□ 若是 CAN 总线分析仪读取不到数据，记录雷达故障：_____
设备断电整理现场	将现场设备、工具等物品按 6S 标准清理归位	是否完成：是□ 否□
操作视频		

质量评价

任务总结	对毫米波雷达认知与安装的小结： 工作实施情况反思：				
质量评价	评分项目	知识能力 （25 分）	实践能力 （25 分）	职业素养 （25 分）	工作规范 6S （25 分）	总评
	自我评分					
	小组评分					
	教师评分					
	合计					

> 回顾思考

一、填空题

1. 毫米波是指波长介于_____的电磁波。
2. 毫米波的三大特性是_____、_____、_____。
3. 24GHz毫米波雷达主要负责_____探测，探测距离是_____、探测角度是水平_____。
4. 前向毫米波雷达的距离分辨率是_____。
5. 毫米波的理论和技术分别是微波向_____的延伸和光波向_____的发展。

二、选择题

1. 毫米波的频段在（　　）。
   A. 1GHz以下　　　　　　　　　　　B. 1~30GHz
   C. 30~300GHz　　　　　　　　　　D. 30~300GHz以上
2. 前向和角向毫米波雷达的相对速度精度为（　　）。
   A. ±0.1m/s　　　　　　　　　　　B. ±0.5m/s
   C. ±1m/s　　　　　　　　　　　　D. ±1.5m/s
3. 汽车遥控钥匙通常使用的频段是（　　）。
   A. 4~10GHz　　　　　　　　　　　B. 317MHz或433MHz
   C. 870MHz　　　　　　　　　　　 D. 900MHz
4. 77GHz雷达通常用于汽车_____向探测，一般装配_____个。（　　）
   A. 前，1　　　　　　　　　　　　B. 前，2
   C. 后，1　　　　　　　　　　　　D. 后，2
5. 毫米波传播时在（　　）频段附近的衰减较小。
   A. 45GHz　　　　　　　　　　　　B. 60GHz
   C. 120GHz　　　　　　　　　　　 D. 180GHz
6. 最先研究出的车载毫米波雷达的频段是（　　），采用机械扫描天线。
   A. 24GHz　　　　　　　　　　　　B. 60GHz
   C. 76.5GHz　　　　　　　　　　　D. 79GHz
7. 按频段分，（　　）不属于毫米波，但是其传播特性与毫米波极为相似。
   A. 24GHz　　　　　　　　　　　　B. 60GHz
   C. 77GHz　　　　　　　　　　　　D. 79GHz
8. 我国原产业信息部在（　　）将76~77GHz的频段划给车载毫米波雷达使用。
   A. 2005年　　　　　　　　　　　　B. 2012年
   C. 2015年　　　　　　　　　　　　D. 2018年

三、判断题

1. 由于毫米波对行人的反射波识别能力较弱，因此使用分辨率更高的77GHz可以加强对物体的识别能力。（　　）
2. 日本以丰田为首的三家公司联合研制了世界公认的第一款相控阵雷达，探测距离能够达到 200m。   (   )
3. 现阶段智能汽车上主要应用的是 24GHz 和 79GHz 毫米波雷达。   (   )
4. 毫米波雷达是目前智能汽车上使用的雷达中，几乎是唯一可以全天候工作的，且探测距离大，能够满足高速行驶环境下对较大距离范围的环境监测需要。 (   )
5. 德国博世公司和德国大陆公司在汽车毫米波雷达市场占有率接近 50%，博世公司的核心毫米波雷达产品是长距离雷达，主要用在侧向交通辅助系统和变道辅助系统等。
                                                                         (   )
6. 由于毫米波在非大气窗口频率传播时，大气对毫米波具有较强的衰减作用，所以被应用于低空空地导弹、地基雷达和点对点通信。   (   )
7. 毫米波位于微波与电磁波相交叠的波长范围，因而兼有两种波谱的特点。 (   )
8. 毫米波带宽高达 273.5GHz，超过从直流到微波带宽之和的 10 倍。即使考虑大气吸收，使用的四个主要窗口的总带宽也可达 135GHz，是微波以下各频段带宽之和的 5 倍，因此可以容纳大量系统信号在该频段工作而不会产生相互干扰。   (   )

四、简答题
1. 请说明毫米波雷达的优点。
2. 请分别对近距离、中距离、长距离毫米波雷达的探测特性进行说明。

任务 2　毫米波雷达故障检测

任务目标

1. 了解毫米波雷达系统的常见故障类型。
2. 能够根据故障现象，结合工作原理进行相关电路分析。
3. 掌握毫米波雷达常见故障的检测方法。
4. 能够维修毫米波雷达的常见故障。

知识准备

1. 毫米波雷达常见故障类型

智能传感器装配调试台架毫米波雷达常见的故障类型主要有相关电路故障、部件故障、通信故障和系统故障等，如图 3-9 所示。

2. 常见故障

智能传感器装配调试台架毫米波雷达的常见故障：

1）智能传感器装配调试台架打开电源开关，毫米波雷达系统不工作，测试系统无显示信息。

分析检修：此故障表明毫米波雷达无法进入工作状态，可能原因一般为相关供电接地问题、系统问题及毫米波雷达自身故障。

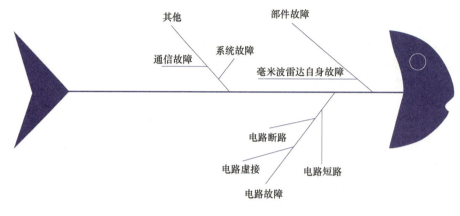

图 3-9 常见故障类型

2）智能传感器装配调试台架打开电源开关，毫米波雷达系统工作，但数据不准确有误差。

分析检修：此故障表明雷达系统能进入工作状态，可能原因一般为毫米波雷达的安装与校正问题以及相关匹配问题。

3. 故障案例

（1）故障现象　智能传感器装配调试台架打开电源开关，毫米波雷达系统不工作，测试系统无显示信息。

（2）电路分析　智能传感器装配调试台架毫米波雷达控制电路如图 3-10 所示。毫米波雷

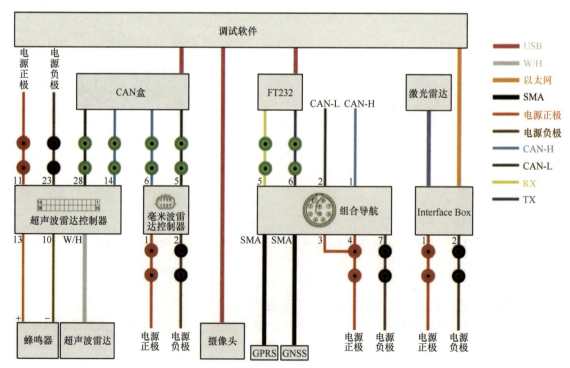

图 3-10 控制电路

达及控制器一体，控制器 1 号脚为电源正极、2 号脚为电源负极，系统通过 5 号脚与 6 号脚 CAN 总线到达 CAN 盒，然后 USB 线再发送到上位机调试软件进行通信。

（3）原因分析　台架供电异常、相关线束电路故障（短路、断路、虚接等）、毫米波雷达自身故障（接受、发射等内部问题）、毫米波雷达与显示系统总线通信故障以及相关系统故障等。

（4）制订故障诊断方案　要求每组同学根据电路原理分析讨论制订故障诊断方案，如图 3-11 所示，并进行上台分享展示，进一步优化提高诊断方案，教师进行全程巡视答疑解惑。

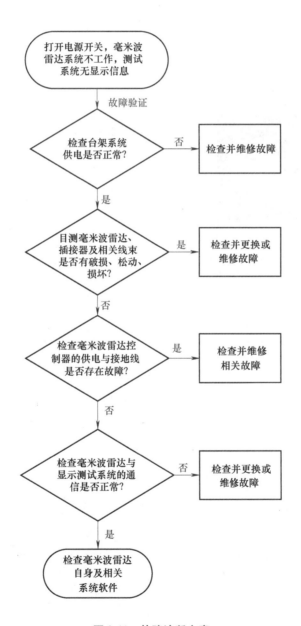

图 3-11　故障诊断方案

📝 任务实施

任 务 步 骤	任 务 要 点	实 施 记 录
任务准备	1. 更换实训服，摘掉首饰，长发挽起固定于脑后 2. 严禁非专业人员或无教师在场的情况下私自对部件进行操作 3. 总成拆装需要至少两人配合完成，不可一人单独作业	是否完成：是□ 否□
工具准备	安装工具，万用表，水平仪，示波器，拆装工具等	是否完成：是□ 否□
检查实训平台并开启总电源	1. 检查实训平台是否平稳放置且脚轮锁紧 2. 检查漏电保护器是否正常 3. 检查电源插头是否无破损，是否安全接地并处于干燥状态 4. 检查接入电源是否为220V 50Hz 交流电源 5. 开启实训平台总电源，检查电源指示灯是否亮	是否完成：是□ 否□ 是否完成：是□ 否□ 是否完成：是□ 否□ 是否完成：是□ 否□ 是否完成：是□ 否□
故障现象	准备工作完成后，台架上电，打开系统，检查毫米波雷达是否能正常工作，并记录故障现象	故障现象： _____ _____ _____ _____
控制原理分析	查找电路图，分析控制原理	控制原理： _____ _____ _____ _____ _____ _____

（续）

任 务 步 骤	任 务 要 点	实 施 记 录
故障原因分析	分析故障原因	故障可能原因：_____
制订故障诊断方案	制订故障诊断方案 	故障诊断方案：_____
诊断测量过程	台架测量，查找故障位置	记录诊断结果：_____ 故障位置：_____
设备断电整理现场	将现场设备、工具等物品按6S标准清理归位	是否完成：是□ 否□
操作视频		

⭐ 质量评价

任务总结	对毫米波雷达故障检测的小结： 工作实施情况反思：					
质量评价	评分项目	知识能力 （25 分）	实践能力 （25 分）	职业素养 （25 分）	工作规范 6S （25 分）	总评
	自我评分					
	小组评分					
	教师评分					
	合计					

📝 回顾思考

一、填空题

1. 智能传感器装配调试台架毫米波雷达常见的故障类型主要有_____、_____、_____、_____、_____等。

2. 智能传感器装配调试台架打开电源开关，毫米波雷达系统工作，但数据不准确有误差，一般故障为_____、_____、_____等。

二、判断题

1. 智能传感器装配调试台架打开电源开关，毫米波雷达系统不工作可能是供电异常导致的。（   ）
2. 毫米波雷达控制器电源正极电压为12V左右。（   ）
3. 毫米波雷达正常工作时，上位机测试系统能够抓取报文显示值。（   ）
4. 毫米波雷重新安装后，不需要对毫米波雷达进行校正。（   ）
5. 毫米波传控制器通过 CAN 总线和上位机进行通信。（   ）

毫米波雷达装调与检测　　项目 3

任务 3　　毫米波雷达标定

任务目标
1. 理解毫米波的测距原理。
2. 掌握毫米波雷达的标定方法和标定流程。

知识准备

一、毫米波测距原理

毫米波雷达发射波的调制方式有调频连续波（FMCW）、脉冲波（脉冲多普勒雷达）两种调制方式。

脉冲雷达系统在测量近距离目标时，发射和接收脉冲之间的时间差极小，通常达到纳秒级，要求处理器的运行频率很高，所以实际工程中较少采用。调频连续波雷达系统利用多普勒频移原理来测距测速，对处理器要求较低，因此，大部分应用场合均采用调频连续波雷达。毫米波雷达可以分为脉冲波式、调频连续波式。

多普勒效应，是指当声音、光和无线电波等振动源与观测者以相对速度 v 运动时，观测者所收到的振动频率与振动源所发出的频率不同。即当发射的电磁波和被探测目标有相对移动时，回波的频率会和发射波的频率不同。当目标向雷达天线靠近时，反射信号频率将高于发射信号频率；反之，当目标远离天线而去时，反射信号频率将低于发射信号频率。

1. 多普勒测距原理

多普勒测距原理如图 3-12 所示。雷达的振荡器产生一个频率随时间逐渐增加的信号，这个信号遇到障碍物反弹被接收。障碍物越远，回波收到的时间就越晚，t_d 就越大。由于 $t_d = \dfrac{2R}{c}$，其中 R 是振荡器与障碍物的距离，c 是电磁波传播速度，在真空传播时等于光速。通过时延 t_d 就可以计算出雷达与障碍物的距离 R。

2. 多普勒测速原理

多普勒频移原理：多普勒效应所形成的频率变化称为多普勒频移（差拍频率）f_b，它与相对速度 v 成正比，与振动的频率成反比。通过检测这个频率差 f_b，可以测得目标相对于雷达的移动速度，也就是目标与雷达的相对速度。

假设毫米波雷达发射连续波信号

$$s(t)=A\cos(\omega_0+\varphi) \tag{3-1}$$

式中，ω_0 为发射角频率；φ 为初相；A 为振幅。

雷达接收到由目标反射的回波信号

$$s_r(t)=ks(t-t_r)=kA\cos[\omega_0(t-t_r)+\varphi] \tag{3-2}$$

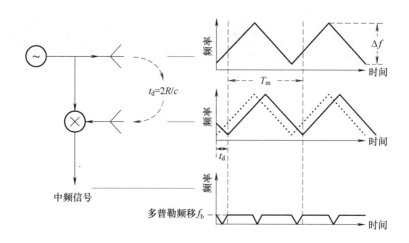

图 3-12 多普勒测距原理

式中，$t_r = 2R/c$ 为回波滞后于发射信号的时间，其中 R 为目标和毫米波雷达之间的距离；c 为电磁波传播速度，在真空传播时它等于光速；k 为回波的衰减系数。

如果车辆前方目标静止，即速度为零，则目标与雷达的距离 R 为常数。回波与发射信号之间有固定相位差 $\omega_0 t_r = 2\pi f_0 \cdot \dfrac{2R}{c} = \left(\dfrac{2\pi}{\lambda}\right) 2R$，它是电磁波往返于雷达与目标之间所产生的相位滞后。当目标与毫米波雷达之间有相对运动时，则两者之间的距离 R 是与时间成正比的。

假设目标相对毫米波雷达运动的速度为一定值 v_r，在 t 时刻，目标与毫米波雷达之间的距离为

$$R(t) = R_0 - v_r t \tag{3-3}$$

式中，R_0 为在零点时刻的距离；由式（3-2）可知在 t 时刻接收到的波形 $s_r(t)$ 上的某点，对应于 $(t-t_r)$ 时刻发射的波形上某点。

在实际的工作状态中，毫米波雷达和目标间的相对运动速度 v_r 远小于光速，所以时延 t_r 可近似表示为

$$t_r = \dfrac{2R(t)}{c} = \dfrac{2}{c}(R_0 - v_r t) \tag{3-4}$$

与发射信号相比，两者之间的相位差为

$$\varphi = -\omega_0 t_r = -2\pi \dfrac{2}{\lambda}(R_0 - v_r t) \tag{3-5}$$

相位差随着时间呈线性变化，如果 v_r 为常数，则频率差可以表示为

$$f_b = \dfrac{1}{2\pi} \dfrac{d\varphi}{dt} = \dfrac{2}{\lambda} v_r \tag{3-6}$$

式中，f_b 即为多普勒频移，与目标和毫米波雷达之间的相对运动速度成正比例关系，与毫米波雷达的工作波长 λ 成反比例关系。当目标靠近毫米波雷达时，f_b 大于 0，表明接收信号频率要大于发射信号频率，而当目标背离毫米波雷达运动时，f_b 小于 0，接收信号频率要小于发射信号频率。通过数字信号处理器运用傅里叶变换可求得 f_b，从而可以求得毫米波雷达与目标之间的相对速度和相对距离。

3. 多普勒测角原理

测量障碍物的角度是通过多个接收天线收到的信号时延来实现。多普勒测角原理如图 3-13 所示，振荡器 TX 为发射源，频率为 f_0，发射波遇到目标返回，回波频移为 f_b 并分别被两个接收天线 RX1、RX2 收到。由于回波的路径不同，RX1、RX2 的回波信号有时间差，根据时间差可计算出角度。

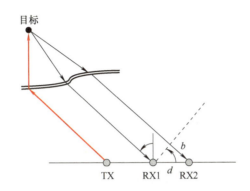

图 3-13　多普勒测角原理

二、毫米波雷达标定原理

1. 测试环境要求

由于毫米波多径效应和目标效应的影响，需要对毫米波雷达的测试环境做出一定场地设计要求，包括静态测试环境和路测环境两种。

（1）静态测试　静态测试是将毫米波雷达固定在指定位置，在测试台架上完成测试，主要完成目标特性及雷达基本功能的检测任务，分为非干扰测试环境和干扰测试环境。

1) 非干扰测试环境要求目标背景干净，应选择在空旷环境或微波暗室内进行，具体要求如下。

根据毫米波雷达短距模式 FOV ±60°中最远作用距离 70m，长距模式 FOV±9°中最远作用距离 250m 的技术指标要求，空旷环境的场地布局要求如图 3-14 所示。被测目标背景环境应尽量干净，避免金属反射体、建筑体、行人等噪点进入测试环境。安装台上雷达的地面绝对高度控制在 0.8～1m 范围内。地面应平整，无坡度，以砂石、水泥或低矮草地为主。

2) 干扰环境是为了模拟车体运动状态下真实单帧反射特征和停车状态下目标的前景和背景信息所采用的一种测试手段。场地可依据实际情况选择，但需记录所选场地基本的布局信息。安装台上雷达的地面绝对高度应控制在 0.8～1m 范围内。

（2）路测环境　路测环境是为了模拟动态测试和随机测试的车体运动状态下的雷达回波信息及算法鲁棒性和功能完善性的测试，要求从用户实际使用的角度出发，通过实车路试的方式，在充分考虑各种测试场景的基础上完成检测任务，记录测试信息。

2. 参数校准

在进行毫米波雷达测试之前，应首先确保雷达配置信息正确，符合测试要求。

3. 雷达性能测试

（1）测试一　测试正向最远探测距离（D_Max）。

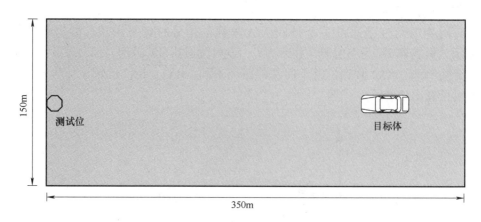

图 3-14　空旷环境的场地布局要求

1）测试环境：静态非干扰环境。非干扰测试环境下，可用角散射体（RCS：1～30dB）模拟目标障碍物，按照图 3-15 测试点位进行测试。

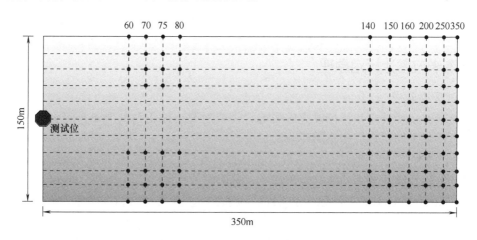

图 3-15　最远距离测试点位布置

根据毫米波雷达的技术指标要求，确定图 3-15 黑色点位为测试目标点，测试指标包括：实测点 X（m）、实测点 Y（m）、实测 RCS（dB）、X 向偏移量（m）、Y 向偏移量（m）。

2）可见度：当 RCS 大于 10dB 时，可见度为 1，小于 10dB 时，可见度为 0。

3）测试步骤。

① 调整毫米波雷达位置并校准配置数据。

② 调整目标点位（非干扰静态测试）并记录实际值。

③ 测量毫米波雷达实测数据并记录。

（2）测试二　距离精度测量。

1）测试环境：静态非干扰环境。

2）被测目标：角散射体（RCS 为 10dB，77GHz）。

3）测试步骤：非干扰测试环境下，可用角散射体（RCS：1～30dB）模拟目标障碍物，按照图 3-16 测试点位进行测试。主要测得目标中心点位置信息。

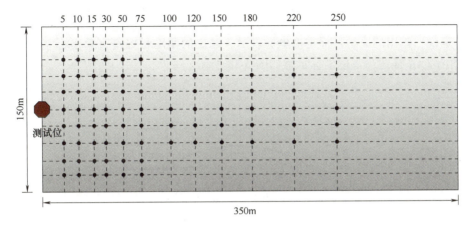

图 3-16　距离精度测试点位布置

（3）测试三　目标雷达散射特性及位置中心精度测试。

1）测试环境：静态非干扰环境。

2）非干扰测试障碍模拟物：普通轿车。

3）测试要求。

① 雷达输出的 RCS 是目标特征的主要判断依据，目标可能会产生多个散射点和位置信息，需准确测量目标车体在不同位置的 RCS 值、位置中心及其偏差。

② 需要测量车体在偏转 5°内的 RCS 变化值，即测试角度选用 0°、±5°。

③ 被测物为普通轿车，按照图 3-17 测试点位进行测试。

④ 测试时雷达需写入雷达线速度和角速度值，确保雷达的机测状态和路面使用状态一致。

4）测量目标值包括：RCS、目标体长、目标实际中心点位（选定车体几何中心），目标测试中心点位置。

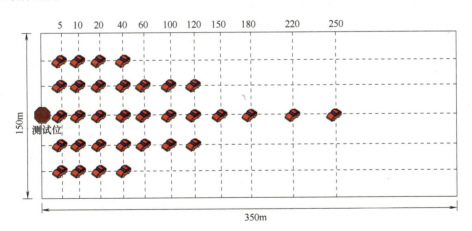

图 3-17　目标雷达散射特性及位置中心精度测试点位布置

三、雷达坐标系

雷达的工作原理决定了雷达探测到的原始目标信息是在极坐标下表示的，可以根据需要将目标参数转换到直角坐标系，对近距离毫米波雷达（ESRR）和中距离毫米波雷达（EMRR）来说，输出的原始目标是极坐标表示，输出的跟踪目标是直角坐标系描述，碰撞区域是在直角坐标系描述。雷达坐标示意如图3-18所示。

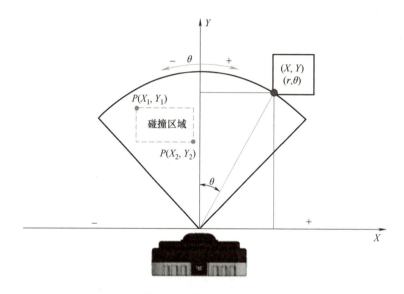

图3-18 雷达坐标示意

碰撞区域是在直角坐标系描述。碰撞检测功能是指当雷达检测到一个或多个目标，从外部进入了预设的碰撞检测区域内，并且这些目标在检测区域内驻留的时间也满足预设的条件时，雷达会触发报警，报警信号可以通过CAN消息（0×609）或高边驱动器输出，高边驱动器输出的驱动电压波形是可以通过（0×40A）消息配置的。雷达支持最多同时有8个碰撞区域的设置，多个碰撞区域之间可以重合。

四、毫米波雷达输出数据分析

1. 毫米波雷达性能参数

以 EMRR_HV_3、ESRR_HV_3 毫米波雷达为例，其性能参数见表3-3。

表3-3 EMRR_HV_3 和 ESRR_HV_3 毫米波雷达性能参数

参　　数	EMRR_HV_3雷达	ESRR_HV_3雷达
探测范围（10dBsm 目标）	±20°/40m，±15°/80m，±5°/160m	±50°/75m，±60°/30m
距离精度/m	±0.625	±0.3
距离分辨率/m	1.3	0.6
距离范围/m	1.3～160	0.6～75
速度精度/(m/s)	±0.06	±0.06
速度分辨率/(m/s)	0.12	0.12
速度范围/(m/s)	±31	±31
水平角度精度（°）	±0.5	±1

(续)

参　　数	EMRR_HV_3 雷达	ESRR_HV_3 雷达
水平角度分辨率（°）	7	15
水平角度范围（°）	±20	±60
垂直角度范围（°）	±5	±5
最大目标数	128	128
数据更新时间/ms	~35	~35
电源	9~36V，<3W	9~36V，<3W
工作频率/GHz	76~77	76~77

2. 毫米波雷达接口定义

毫米波雷达接口定义见表3-4。

EMRR 和 ESRR 均有两路 CAN2.0B 接口，分别为 CAN0 和 CAN1。其中 CAN1 支持休眠和唤醒，CAN0 不支持。CAN0 接口是为了开发一些特定的功能系统或调试而保留，雷达使用这两路 CAN 与外部交换数据。

表 3-4　毫米波雷达接口定义

雷达接口插头 8 引脚定义	引　脚	符　号	颜　色	功　能
	1	VBAT	红	9~39V 直流电源
	2	GND	黑	地
	3	CAN0 L	黄	保留
	4	CAN0 H	绿	
	5	CAN1 L	蓝	雷达数据接口
	6	CAN1 H	橙	
	7	HSD OUT1	白	高边驱动输出口 1
	8	HSD OUT2	褐	高边驱动输出口 2

在以下的描述中，CAN1 接口简称 CAN 接口。ESRR，EMRR 的 CAN 接口上实现的功能包括：

1) 输出原始测量点迹和跟踪后的目标航迹信息。
2) 输出雷达运行状态、故障信息。
3) 固件及标定参数刷写。
4) 车身信号接收，如车速、横摆速率等信号。
5) 雷达工作参数配置，可以配置各种过滤条件、碰撞区域、报警输出以及雷达工作模式等参数。

以 0 位号雷达为例，图 3-19 给出了跟踪目标列表（0×603）消息结构。跟踪目标列表（0×603）消息信号列表和消息信号描述分别见表 3-5 和表 3-6。

由于采用多普勒测速原理，默认的速度值会有一个很小的波动值，属于正常现象。

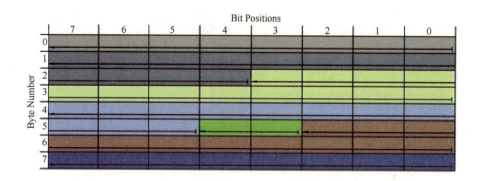

图 3-19 跟踪目标列表（0×603）消息结构

表 3-5 跟踪目标列表（0×603）消息信号列表

	Name	Type	BitPos	Length	Factor	Offset	Minimum	Maximum	Unit
1	object_id	Unsigned	0	8	1	0	0	255	
2	object_x	Unsigned	20	12	0.1	−204.8	−204.8	204.7	m
3	object_y	Unsigned	24	12	0.1	0	0	409.5	
4	object_vx	Unsigned	45	11	0.1	−102.4	−102.4	102.3	m/s
5	object_vy	Unsigned	48	11	0.1	−102.4	−102.4	102.3	m/s
6	object_rcs	Unsigned	56	8	0.5	−64	−64	63.5	dBsm
7	object_dynprop	Unsigned	43	2	1	0	0	3	

表 3-6 跟踪目标列表（0×603）消息信号描述

BitPos	SIGNAL	Description
0	object_id	目标 UD
20	object_x	目标 X 坐标
24	object_y	目标 Y 坐标
44	object_vx	目标 X 方向速度
48	object_vy	目标 Y 方向速度
56	object_rcs	目标 RCS
64	object_dynprop	目标运动属性

根据跟踪目标列表信息我们可以得到目标信号的一些特征。

对某些车型，车身上可能安装有多个雷达，并且这些雷达的 CAN 接口挂接在同一条总线上。ESRR 和 EMRR 是支持这种操作的。具体实现是通过给每个雷达分配不同的 ID 来区分不同的雷达。目前，软件支持一条总线上同时挂接 8 个雷达。通过上位机软件，可以对这 8 个雷达进行单独操作。根据雷达在车身安装的位置，对不同位置的雷达，可赋予一个对应的、唯一的位号，只要雷达安装在这个位置，该雷达的位号就已经确定，同时，雷达 CAN 接口使用的 ID 也就确定了。

任务实施

任务步骤	任务要点	实施记录
任务准备	1. 更换实训服，摘掉首饰，长发挽起固定于脑后 2. 严禁非专业人员或无教师在场的情况下私自对部件进行操作 3. 总成拆装需要至少两人配合完成，不可一人单独作业	是否完成：是□ 否□
工具准备	毫米波雷达、CAN 分析仪、智能传感器装配调试台架、目标模拟器等	是否正常：是□ 否□

制订计划	根据任务目标，制订任务实施计划		
	序　号	作业项目	实施要点

| 检查实训平台并开启总电源 |
1. 检查实训平台是否平稳放置且脚轮锁紧
2. 检查漏电保护器是否正常
3. 检查电源插头是否破损，是否安全接地并处于干燥状态
4. 检查接入电源是否为 220V 50Hz 交流电源
5. 开启实训平台总电源，检查电源指示灯是否亮 | 是否完成：是□ 否□
是否完成：是□ 否□
是否完成：是□ 否□
是否完成：是□ 否□
是否完成：是□ 否□ |

（续）

任务步骤	任务要点	实施记录
毫米波雷达标定	1. 在工作区放置工作牌，将毫米波雷达安装在支架上 2. 打开毫米波雷达控制盒供电开关、电源开关 3. 将毫米波雷达 CAN 信号线与控制柜 CAN_H 和 CAN_L 连接 4. 打开毫米波雷达控制盒供电开关、电源开关 5. 在毫米波雷达探头正前方固定距离放置模拟目标，记录距离 6. 打开控制柜电源，启动计算机，连接 CAN 分析仪 7. 记录下目标模拟器的距离、速度、角度等信息 8. 记录最远距离测试点位数据 9. 记录最近距离精度测试点位数据 10. 启动"USB-CAN TOOL"程序，打开"Radar Viewer"或其他毫米波测试软件 11. 设置设备波特率为500kb/s，读取 CAN 分析仪采集的数据 12. 实时存储 CAN 分析仪采集到的数据，识别出有效数据 13. 解析 CAN 分析仪读取的数据做十六进制转十进制换算 14. 将换算的数据和测试软件读出的数据做匹配分析	是否完成：是□ 否□ 是否完成：是□ 否□ 是否完成：是□ 否□ 是否完成：是□ 否□ 目标距离：_____ 记录目标模拟器实际位置 距离：_____（m） 速度：_____（m/s） 角度：_____（°） 记录目标模拟器软件显示位置 Range_X：_____（m） Range_Y：_____（m） X_V：_____（m/s） X_Y：_____（m/s） 算出距离、速度、角度误差 距离误差：_____ 速度距离：_____ 角度误差：_____ 有效数据（十六进制）：_____ 十进制数：_____
设备断电整理现场	将现场设备、工具等物品按 6S 标准清理归位	是否完成：是□ 否□
操作视频		

毫米波雷达装调与检测　项目3

⭐ 质量评价

任务总结	对毫米波雷达标定的小结： 工作实施情况反思：					
质量评价	评分项目	知识能力 （25分）	实践能力 （25分）	职业素养 （25分）	工作规范6S （25分）	总评
	自我评分					
	小组评分					
	教师评分					
	合计					

📝 回顾思考

一、填空题

1. 毫米波雷达和激光雷达是利用_____的_____发现目标并测定它们的_____。

2. 毫米波雷达和激光雷达都基于多普勒效应工作，但是毫米波雷达发射的是_____，激光雷达发射的是_____。

3. 调频连续波雷达系统利用多普勒_____原理来测距、测速。

4. 根据多普勒效应，当目标向雷达天线靠近时，反射信号频率将_____发射信号频率；反之，当目标远离天线而去时，反射信号频率将_____发射信号频率。

5. 雷达分辨率是指雷达可以区分的两个物体的_____的距离，用_____表达。

二、选择题

1. 毫米波雷达发射波的调制方式中，对处理器要求较高的是（　　）。
 A. 调频连续波　　　　　　　　　B. 调幅连续波
 C. 脉冲波　　　　　　　　　　　D. ESR

2. 毫米波雷达发射波的调制方式中，大部分应用场合都采用（　　）。
 A. 调频连续波　　　　　　　　　B. 调幅连续波

87

C. 脉冲波 D. ESR

3. 多普勒频移 f_b 与相对速度 v 成_____，与振动的频率成_____。（ ）
A. 正比，正比 B. 正比，反比
C. 反比，正比 D. 反比，反比

4. 根据多普勒测速原理，当目标与毫米波雷达之间有相对运动时，回波与发射信号之间的相位差为（ ）。

A. $\left(\dfrac{2\pi}{\lambda}\right)2R$ B. $-\left(\dfrac{2\pi}{\lambda}\right)2R$

C. $2\pi\dfrac{2}{\lambda}(R_0-v_rt)$ D. $-2\pi\dfrac{2}{\lambda}(R_0-v_rt)$

三、判断题

1. 多普勒效应，是指当声音、光和无线电波等振动源与观测者以相对速度 v 运动时，观测者所收到的振动频率与振动源所发出的频率相同的现象。（ ）

2. 根据多普勒测速原理，当目标与毫米波雷达之间有相对运动时，多普勒频移 f_b 与目标和毫米波雷达之间的相对运动速度成反比例关系，与毫米波雷达的工作波长 λ 成正比例关系。（ ）

3. 当目标靠近毫米波雷达时，接收信号频率大于发射信号频率时，多普勒频移 f_b 大于 0。（ ）

4. 通过数字信号处理器运用傅里叶变换可求得多普勒频移 f_b，从而可以求得毫米波雷达与目标之间的相对速度和相对距离。（ ）

四、简答题

1. 请简述多普勒测距原理。
2. 请结合题图 3-1 说明多普勒测角原理。

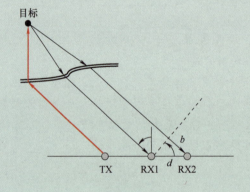

题图 3-1

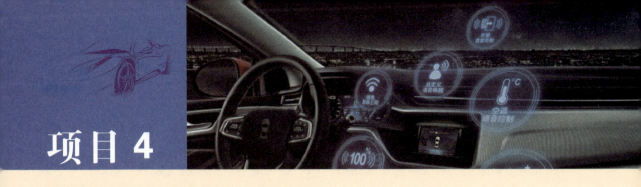

项目 4

激光雷达装调与检测

任务 1　激光雷达认知与安装

任务目标

1. 掌握激光雷达的定义和分类。
2. 熟悉激光雷达的基本组成。
3. 了解激光雷达的应用场景。

知识准备

一、激光的特性

1. 单色性

光的颜色是由光的波长（或频率）决定的，频率宽度越小，光的单色性越强。普通光源发射的光波频率宽度较大，而激光频率宽度仅为 10^{-9}m，仅是氪灯的五分之一。极高的单色性，保证了光束能精确地聚集到焦点上，得到很高的功率密度，可以探测很远的距离。

2. 高亮度

固体激光器的亮度可高达 1011W/（cm² · sr）。不仅如此，具有高亮度的激光束经透镜聚焦后，能在焦点附近产生数千摄氏度乃至上万摄氏度的高温，可作为武器。

3. 高方向性

激光的高方向性使其能在有效传递较长距离的同时，还能保证聚焦得到极高的功率密度。

4. 偏振性

激光是一种偏振光，偏振光在前进中周围带有电磁场力，能够重新排列液晶分子。但是它的振动只发生一个平面内（共振），且方向固定，所以激光遇水不发生折射。

5. 相干性

光波是由无数个光量子组成，由激光器发射出来的光量子由于共振原理，波长、频率、偏振方向都是一致的,因此具有非常强的干涉力。

由于激光的特性,激光雷达非常适合远距离、高精度的测距要求,但是容易受到大气条件以及工作环境的烟尘的影响,要实现全天候工作非常困难。

激光雷达是激光技术与雷达技术相结合的产物,最早应用于航天领域。随着技术进步,陆续出现:激光多普勒雷达、激光测风雷达、激光成像雷达、激光差分吸收雷达、拉曼散射激光雷达、微脉冲激光雷达、激光合成孔径雷达、激光相控阵雷达等。激光雷达已经广泛应用到诸多领域,如交通、测绘、安防、航天等。

二、激光雷达定义和分类

1. 激光雷达的定义

激光雷达(Light Detection and Ranging,LiDAR)是一种光学遥感传感器,它通过向目标物体发射激光,然后根据接收-反射的时间间隔确定目标物体的实际距离,根据距离及激光发射的角度,通过几何变化推导出物体的位置信息。激光雷达能够确定物体的位置、大小、外部形貌甚至材质,如图4-1所示为Velodyne激光雷达点云图。

图4-1 Velodyne 激光雷达点云图

将激光雷达、全球定位系统(GPS)和惯性测量装置(Inertial Measurement Unit,IMU)三种技术集成于一体,可以获得数据并生成精确的数字高程模型(DEM)。这三种技术的结合,可以高度准确地定位激光束打在物体上的光斑,测距精度可达厘米级,激光雷达最大的优势就是"精准"和"快速、高效作业"。它是一种用于精确获得三维位置信息的传感器,其在机器中的作用相当于人类的眼睛,能够确定物体的位置、大小、外部形貌甚至材质。

激光雷达实际上是一种工作在光学波段(特殊波段)的雷达,以激光作为载波,以光电探测器为接收器件,以光学望远镜为天线。激光雷达通过发射激光束,然后分析遇到障碍物后回波信号时间来工作,因此激光的特性决定了激光雷达的工作特性。

2. 激光雷达的分类

1)按激光波段分类有:紫外激光雷达、可见激光雷达和红外激光雷达。

2）按激光介质分类有：气体激光雷达、固体激光雷达、半导体激光雷达和二极管泵浦固体激光雷达。

3）按激光发射波分类有：脉冲激光雷达、连续波激光雷达和混合型激光雷达。

4）按有无机械旋转部件分类有：机械激光雷达和固态激光雷达。

机械激光雷达带有控制激光发射角度的旋转部件，而固态激光雷达则依靠电子部件来控制激光发射角度，不需要机械旋转部件，如图4-2所示。由于内部结构有所差别，两种激光雷达的体积大小也不尽相同。机械激光雷达体积较大、价格昂贵、测量精度相对较高，一般置于汽车外部。固态激光雷达尺寸较小、性价比较高、测量精度相对低，但可隐藏于汽车车体内。两种激光雷达各有优缺点，近年混合固态激光雷达成为发展热点。

图 4-2　机械与固态激光雷达

a）机械激光雷达　b）固态激光雷达

5）按线束数量的多少分类有：单线束激光雷达和多线束激光雷达。

单线束激光雷达扫描一次只产生一条扫描线，其所获得的数据为2D数据，因此无法区别目标物体的3D信息。不过，由于单线束激光雷达具有测量速度快、数据处理量少等特点，多被应用于安全防护、地形测绘等领域。

多线束激光雷达扫描一次可产生多条扫描线，目前市场上多线束产品包括4线束、8线束、16线束、32线束、64线束等，其细分可分为2.5D激光雷达及3D激光雷达。2.5D激光雷达与3D激光雷达最大的区别在于激光雷达垂直视野的范围，前者垂直视野范围一般不超过10°，而后者可达到30°甚至40°以上，这导致两者对于激光雷达在汽车上的安装位置要求有所不同。

评价激光雷达的性能一般从测量距离、测量精度、测量速率、角度分辨率等各方面考虑。例如无人驾驶的研究与实现对激光雷达的探测距离是有要求的，即希望尽可能远、高准确率地检测车辆与障碍物。

3. 常用激光雷达

目前国内著名的激光雷达生产商有深圳速腾聚创、深圳镭神智能以及大疆公司等。后文将分别以深圳镭神智能C16机械激光雷达和大疆Livox Tele-15固态激光雷达为例，分析机械激光雷达和固态激光雷达的装调、标定。这两种激光雷达的性能见表4-1。

表 4-1 镭神智能 C16 机械激光雷达、大疆 Livox Tele-15 固态激光雷达性能

序号	指标	镭神智能 C16 机械激光雷达	大疆 Livox Tele-15 固态激光雷达
1	测距方式	脉冲式	脉冲式
2	激光波段/nm	905	905
3	激光等级	I 级（人眼安全）	I 级（人眼安全）
4	激光通道	16 线	优于传统 128 线
5	测距范围/m	70~200	320（10%反射率） 500（50%反射率）
6	测距精度/cm	±3	<2（5~70m），<4（70~120m）（10%反射率） <2（5~220m），<4（220~380m）（80%反射率）
7	单回波数据速率/(万点/s)	32	24
8	双回波数据速率/(万点/s)	64	48
9	水平视场（°）	360	14.5
10	垂直视场（°）	±15	16.2
11	扫描速度/Hz	5、10、20（可配置）	
12	垂直角度分辨率（°）	均匀 2	均匀 0.12
13	水平角度分辨率（°）	0.09（5Hz）、0.18（10Hz）、0.36（20Hz）	均匀 0.02
14	通信接口	Ethernel，PPS	Ethernel，PPS
15	供电电源/V	DC 9~36	DC 10~15
16	工作温度/℃	−20~+60	−40~+85
17	防护等级	IP67	IP67
18	其他		内置 IMU 型号：BMI088

1）C16 激光雷达通过内置激光探头对周围环境进行 360°扫描，依靠激光遇到障碍后的折返时间，计算出相对距离（TOF），并生成物体的 3D 轮廓，可绘出汽车周围环境的高精度地图，它比相对更普及的可见光摄像头看得更精确、更远，且不受光线影响。C16 可广泛应用于汽车先进驾驶辅助系统（ADAS）、无人驾驶、机器人 &AGV 自主定位与导航、测绘、科研、安防等领域。

2）Livox Tele-15 采用 Livox 自主研发的高速非重复扫描技术和自主设计的多线封装激光器，具有远量程、高精度和高可靠性等特点，使其可广泛应用于 L3/L4 级自动驾驶、轨道交通、测绘、安防等领域。

① 高视场覆盖率：大疆 Mid-40 的视场覆盖率与 32 线机械激光雷达相当，而 Livox Tele-15 同等时间内的点云视场覆盖率是 Mid-40 的 5 倍，可以在 15°圆形视场范围内扫描 99.8%的区域，优于传统 128 线激光雷达，可快速捕捉视场中的每个细节。

② 超远量程：可实现 100klx 光照度条件下对 320m 距离内 10%反射率物体的探测。

③ 高稳定可靠：采用先进的系统设计方案，不需要旋转发射接收等电子器件，能大幅度地提升产品的可靠性，达到 IP67 防水、防尘级别（除对外插接器和线材）。

④ 自适应环境：内置噪点标签信息可辅助判别该点云的噪点类别以及置信度，可以抵抗

环境强光干扰,滤除大部分太阳光直射引发的噪点。超过65℃高温下,滤噪能力会有所下降,即使在100klx光照度干扰下,Livox Tele-15的噪点率仍低于0.01%。

⑤ 内置IMU模块:内置型号为BMI088的惯性测量单元,推送频率为200Hz。

以Livox Tele-15在0.1s时间内的扫描图案来说明点云分布(图4-3a)。Livox Tele-15在中间区域的扫描密度非常高,可媲美300线传统激光雷达,其他区域优于100线激光雷达的扫描覆盖率。在Livox Tele-15的FOV范围内0.1s的综合扫描效果与常见机械旋转式128线激光雷达相当。

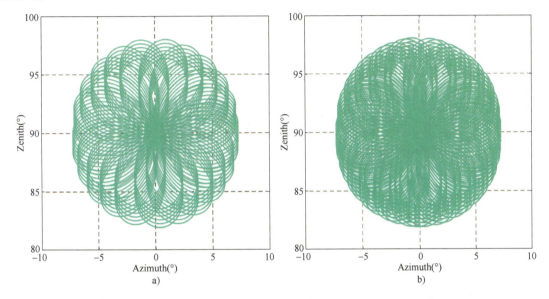

图4-3 Livox Tele-15在0.1s时间内的扫描图案和在0.2s时间内的扫描图案
a) 0.1s时间内 b) 0.2s时间内

图4-4给出了不同积分时间下Livox Tele-15的视场覆盖率,和当前市场上常见的几款机械激光雷达的对比。从图4-4中可以看出,当积分时间为0.1s时,Livox Tele-15的视场覆盖率约为99%,高于常见128线机械激光雷达。

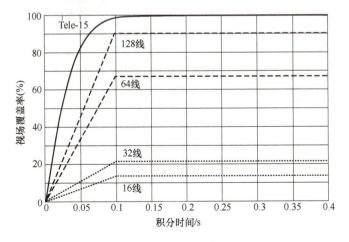

图4-4 不同积分时间下Livox Tele-15的视场覆盖率

三、激光雷达的组成和原理

机械激光雷达由发射光学系统、接收光学系统、主控及处理电路板、探测器接收电路模块、激光器及驱动模块组成。图4-5、图4-6为不同类型的机械激光雷达内部结构。

图4-5 单线激光雷达内部结构

图4-6 32线激光雷达内部结构

多线机械激光雷达技术成熟，精度高，应用成熟，是目前应用的主流。固态激光雷达则成为研究的主流，将来可能在自动驾驶量产车上使用。固态激光雷达主要由主动散热器模块和包含双面非球面镜片的光学结构组成，图4-7所示为大疆 Livox tele-15 固态激光雷达结构。

激光雷达装调与检测　项目 4

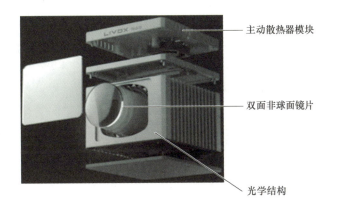

图 4-7　大疆 Livox tele-15 固态激光雷达结构

激光雷达测距原理很简单,就是把无线电波发出去,然后接收回波,根据收发的时间差测得目标的位置数据和相对距离。毫米波雷达和激光雷达都基于多普勒效应工作,但是毫米波雷达发射的是窄波束,激光雷达发射的是光线。

四、激光雷达的应用

智能网联汽车通过激光雷达对周边环境进行扫描识别,从而引导车辆行进。激光雷达在智能网联汽车中起着类似于"眼睛"的功能,能够根据扫描到的点云数据快速绘制 3D 全景地图。主要应用场景有:高精度地图、障碍物检测与识别、可行空间检测、精准定位和路径跟踪等,图 4-8 所示为激光雷达典型应用案例。

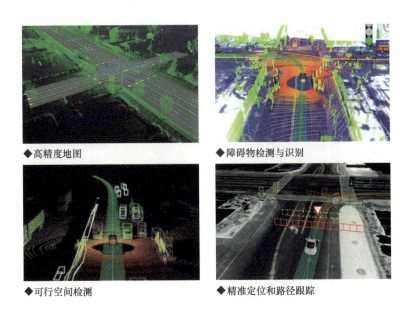

图 4-8　激光雷达典型应用案例

无人驾驶汽车使用激光雷达,主要进行障碍物检测与分割、高精度地图制图与定位,如图 4-9 所示。

95

a) b)

图 4-9 激光雷达在无人驾驶汽车上应用案例

a）车道线检测与路沿检测 b）高精度地图

五、激光雷达的安装

1. C16 机械激光雷达安装要求与注意事项

（1）注意事项

1）用于固定激光雷达的安装底座建议尽可能平整，不要出现凹凸不平的现象。

2）安装底座上的定位柱应严格遵循激光雷达底部定位柱的深度，定位柱的高度不能高于 4mm。

3）安装底座的材质建议使用铝合金材质，有助于激光雷达的散热。

4）激光雷达固定安装的时候，倾斜角度不建议超过 90°，倾斜角度过大会对激光雷达的寿命造成影响。

5）激光雷达安装走线的时候，不要将雷达上面的线拉得太紧绷，需要保持线缆具有一定的松弛。

6）注意人身和设备安全。

7）场地面积应足够，无障碍物。

8）功能检测时，学员应在指定工作区域，以免随意走动造成干扰。

（2）安装步骤

1）在工作区放置工作牌，将激光雷达安装在支架上，注意平整与无遮挡。

2）将安装激光雷达的支架摆放在试验台上的合适位置。

3）使用水平仪对激光雷达进行校准，校准完成后连线。

4）将激光雷达的电源线与控制台连接（图 4-10），连接网线，启动设备，确保供电正常。

5）通过软件查看激光雷达是否安装成功。

2. Livox Tele-15 固态激光雷达安装要求与注意事项

（1）注意事项

1）Livox Tele-15 的 FOV 为水平为 14.5°，竖直为 16.2°，如图 4-11 所示。安装时请注意 FOV 的有效范围，避免遮挡。

2）使用前请取下窗口玻璃上的保护膜。窗口玻璃上严重的灰尘或脏污将会影响激光雷达的性能。推荐使用吹气、用酒精或者光学擦拭布擦拭的方式进行清洁。清洁完毕后再进行安装。

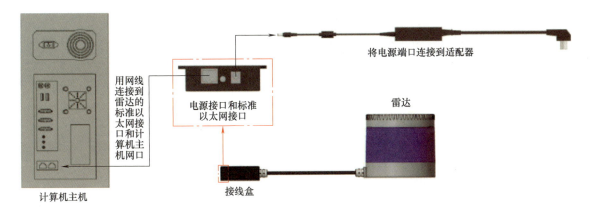

图 4-10 激光雷达连接计算机电路图

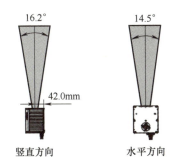

图 4-11 Livox Tele-15 的有效 FOV 范围

3）激光雷达安装时不可遮挡其 FOV，即使是于窗口前安装透明玻璃也会对激光雷达性能产生影响。

4）安装时，激光雷达的进出风口应保证足够的空间，否则将会影响激光雷达的性能和寿命。进出风端面到遮挡结构之间的距离需大于 10mm。

5）激光雷达的安装方向没有限制，可使用其上表面或下表面进行安装。安装时，建议保持安装面与地面平行。

6）激光雷达机身上不能承受额外的负载。

7）通过使用螺纹大径为 6.35mm 的螺纹孔将激光雷达安装至三脚架的方式只能用于静态展示，无法保证在冲击、振动负载下的可靠性。

（2）安装步骤

1）在工作区放置工作牌，将激光雷达安装在支架上，注意平整与无遮挡。

2）将安装激光雷达的支架摆放在智能网联汽车上的合适位置。

3）安装主动散热器模块，完成后开始连线。

4）将激光雷达的电源线与控制台连接，连接网线，启动设备，确保供电正常。

5）通过软件查看激光雷达是否安装成功。

任务实施

任务步骤	任务要点	实施记录
任务准备	1. 更换实训服，摘掉首饰，长发挽起固定于脑后 2. 严禁非专业人员或无教师在场的情况下私自对部件进行操作 3. 总成拆装需要至少两人配合完成，不可一人单独作业	是否完成：是□ 否□
工具准备	激光雷达、智能传感器装配调试台架、安装工具等	是否正常：是□ 否□
制订计划	根据任务目标，制订任务实施计划 | 序 号	作业项目	实施要点 | |---|---|---| | | | | | | | | | | | |	
检查实训平台并开启总电源	1. 检查实训平台是否平稳放置且脚轮锁紧 2. 检查漏电保护器是否正常 3. 检查电源插头是否破损，是否安全接地并处于干燥状态 4. 检查接入电源是否为220V 50Hz交流电源 5. 开启实训平台总电源，检查电源指示灯是否亮	是否完成：是□ 否□ 是否完成：是□ 否□ 是否完成：是□ 否□ 是否完成：是□ 否□ 是否完成：是□ 否□
激光雷达认知	1. 填写激光雷达的定义 2. 填写激光雷达的分类 3. 填写激光雷达的组成	激光雷达是一种_____传感器，它通过向目标物体发射_____，然后根据接收-反射的时间间隔确定目标物体的实际距离，根据距离及激光发射的角度，通过几何变化推导出物体的_____信息 激光雷达按有无机械旋转部件分类可以分为_____和_____。又可以按照线束数量的多少分为_____、_____和_____ 机械激光雷达主要包括：_____、_____与_____

（续）

任务步骤	任务要点	实施记录
激光雷达安装	1. 关闭实训平台总电源 2. 在工作区放置工作牌，将激光雷达安装在支架上，注意平整与无遮挡	是否完成：是☐ 否☐ 是否完成：是☐ 否☐
	3. 将安装激光雷达的支架摆放在试验台上合适位置	是否完成：是☐ 否☐
	4. 使用水平仪对激光雷达进行校准，校准完成后连线	是否完成：是☐ 否☐
	5. 将激光雷达的电源线与控制台连接，连接网线，启动设备，确保供电正常	是否成功：是☐ 否☐
	6. 通过软件查看激光雷达是否安装成功，若无数据，检查故障	记录雷达故障问题：_____
设备断电整理现场	将现场设备、工具等物品按6S标准清理归位	是否完成：是☐ 否☐
操作视频		

⭐ 质量评价

任务总结	对激光雷达认知与安装的小结： 工作实施情况反思： 				
质量评价	评分项目	知识能力（25分）	实践能力（25分）	职业素养（25分）	工作规范6S（25分）	总评
	自我评分					
	小组评分					
	教师评分					
	合计					

回顾思考

一、填空题

1. 机械激光雷达的组成，主要包括_____、_____、_____。
2. 激光雷达按激光波段分类有_____、_____和_____。
3. 激光雷达按有无机械旋转部件分类，分为_____、_____。

二、选择题

1. 按激光介质分类，激光雷达可分为气体激光雷达、固体激光雷达、（　　）二极管泵浦固体激光雷达。

    A. 机械式激光雷达　　　　　　　　B. 固态激光雷达
    C. 半导体激光雷达　　　　　　　　D. 混合型激光雷达

2. 激光雷达是激光技术与雷达技术相结合的产物，最早应用于航天领域，广泛应用于无人驾驶汽车是源于（　　）年。

    A. 2004　　　　　B. 2005　　　　　C. 2010　　　　　D. 2015

3. 雷达按激光发射波分类，不包括（　　）。

    A. 调制波激光雷达　　　　　　　　B. 脉冲激光雷达
    C. 连续波激光雷达　　　　　　　　D. 混合型激光雷达

4. 以下对固态激光雷达的缺点描述不正确的是（　　）。
A. 不能360°旋转　　　　　　　　B. 只能探测前方
C. 测量精度低　　　　　　　　　D. 测量精度高
5. 下列不属于固态激光雷达的实现方式的是（　　）。
A. MEMS　　　B. 2D数据　　　C. Flash　　　D. 相控阵
6. 目前市场上多线束激光雷达产品不包括（　　）。
A. 64线　　　B. 32线　　　C. 20线　　　D. 16线
7. 以下属于机械激光雷达部件的是（　　）。
A. 测量时间　　　B. 激光源　　　C. 目标物体　　　D. 障碍物
8. 以下对多线机械激光雷达描述不正确的是（　　）。
A. 精度低　　　B. 技术成熟　　　C. 精度高　　　D. 应用成熟

三、判断题

1. 3D激光雷达的垂直视野范围一般不超过10°。（　　）
2. 固态激光雷达的测量精度要高于机械激光雷达。（　　）
3. 2.5D和3D激光雷达在汽车上的安装位置是相同的。（　　）
4. 机械激光雷达的体积较大，价格较低，测量精度较高，一般置于汽车内部。（　　）
5. 单线激光雷达扫描一次产生一条扫描线，多次扫描可获得有关目标物体的3D信息。（　　）
6. 单线激光雷达具有测量速度快、数据处理量少等特点，多被应用于安全防护、地形测绘等领域。（　　）
7. 多线机械式激光雷达是目前市场研究的主流，将来在自动驾驶量产车中占据主要市场。（　　）

四、简答题

1. 请对实现固态激光雷达的几种方式进行说明。
2. 请在题图4-1中标明车载机械激光雷达的结构组成。

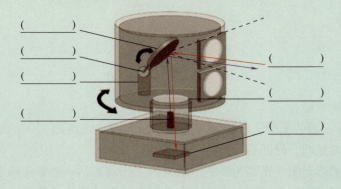

题图　4-1

任务 2　激光雷达故障检测

1. 了解激光雷达系统的常见故障类型。
2. 能够根据故障现象，结合工作原理进行相关电路分析。
3. 掌握激光雷达常见故障的检测方法。
4. 能够维修激光雷达的常见故障。

1. 激光雷达常见故障类型

激光雷达常见的故障类型主要有相关电路故障、部件故障、通信故障、软件故障和安装故障等，如图 4-12 所示。

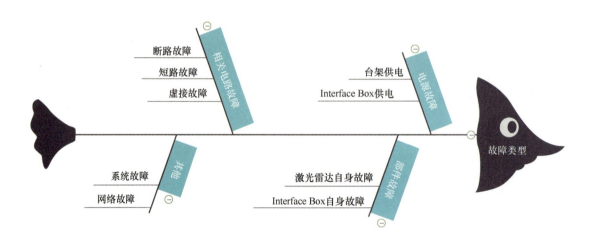

图 4-12　常见故障类型

2. 常见故障

激光雷达的常见故障：

1）打开智能传感器装配调试台架电源开关，激光雷达系统不工作，无法建立三维点云图，无法绘制出环境地图，测试系统无任何显示信息。

分析检修：此故障表明激光雷达系统不能进入工作状态，一般要先检查电源线供电，查看相关的电源指示灯和网络指示灯是否正常，其次考虑激光雷达、控制盒、测试系统相关连接电路等，最后考虑激光雷达、控制盒、测试系统部件自身和系统问题。

2）打开智能传感器装配调试台架电源开关，激光雷达系统工作，但数据不准确有误差。

分析检修：此故障表明雷达系统能进入工作状态，可能原因一般为安装问题、校正问题或激光雷达、控制盒等自身问题，一般采用先进行校正和软件系统测试，后用部件替换的方法确定故障原因。

3. 故障案例

（1）故障现象　打开智能传感器装配调试台架电源开关，激光雷达系统不工作，无法建立三维点云图，无法绘制出环境地图，测试系统无任何显示信息。

（2）控制原理分析　查看智能传感器调试台架的电路图，激光雷达通过线束与控制盒连接（Interface Box），控制盒 1 号脚为电源正极供电，2 号脚为电源负极，通过以太网与上位机调试系统软件通信。控制电路如图 4-13 所示。

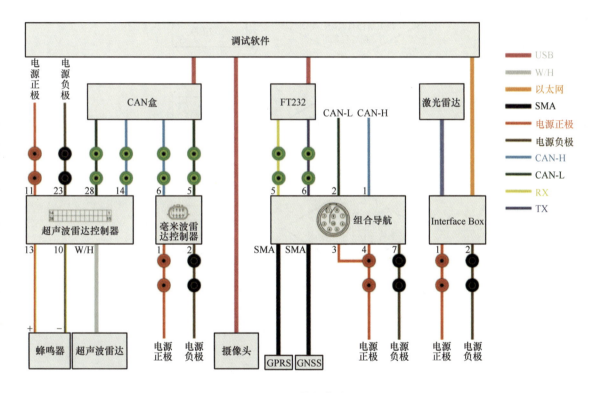

图 4-13　控制电路

（3）故障原因分析　根据故障现象和控制电路分析可能原因：电源故障（台架供电异常、Interface Box 供电与接地线短路、断路、虚接等）、激光雷达与 Interface Box 之间电路故障、Interface Box 与调试软件之间网线故障、激光雷达自身故障（接收、发射等内部问题）、Interface Box 自身故障以及相关系统故障等。

（4）制订故障诊断方案　要求每组同学根据电路原理分析讨论制订故障诊断方案，如图 4-14 所示，并进行上台分享展示，进一步优化提高诊断方案，教师进行全程巡视答疑解惑。

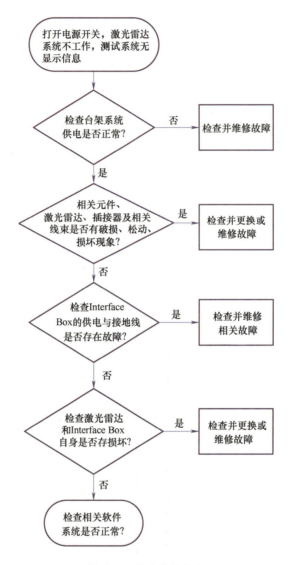

图 4-14 故障诊断方案

任务实施

任务步骤	任务要点	实施记录
任务准备	1. 更换实训服，摘掉首饰，长发挽起固定于脑后 2. 严禁非专业人员或无教师在场的情况下私自对部件进行操作 3. 总成拆装需要至少两人配合完成，不可一人单独作业	是否完成：是□ 否□
工具准备	安装工具，万用表，水平仪，示波器，拆装工具等	是否完成：是□ 否□

（续）

任务步骤	任务要点	实施记录
检查实训平台并开启总电源	 1. 检查实训平台是否平稳放置且脚轮锁紧 2. 检查漏电保护器是否正常 3. 检查电源插头是否无破损，是否安全接地并处于干燥状态 4. 检查接入电源是否为 220V 50Hz 交流电源 5. 开启实训平台总电源，检查电源指示灯是否亮	是否完成：是□ 否□ 是否完成：是□ 否□ 是否完成：是□ 否□ 是否完成：是□ 否□ 是否完成：是□ 否□
故障现象	准备工作完成后，台架上电，打开系统，检查激光雷达是否能正常工作，并记录故障现象	故障现象：
控制原理	查找电路，分析控制原理 调试软件	控制原理：
故障原因分析	分析故障原因	

（续）

任务步骤	任务要点	实施记录
制订诊断方案	制订故障诊断方案	诊断方案：_____ _____ _____ _____ _____
诊断测量过程	台架测量，查找故障	记录诊断结果：_____ _____ _____ _____ 故障位置：_____
设备断电整理现场	将现场设备、工具等物品按 6S 标准清理归位	是否完成：是☐　否☐
操作视频		

⭐ 质量评价

任务总结	对激光雷达故障检测的小结： 工作实施情况反思：					
质量评价	评分项目	知识能力 （25分）	实践能力 （25分）	职业素养 （25分）	工作规范 6S （25分）	总评
	自我评分					
	小组评分					
	教师评分					
	合计					

回顾思考

一、填空题

1. 智能传感器装配调试台架激光雷达控制器电源电压范围是_____。
2. 打开智能传感器装配调试台架电源开关,激光雷达传感器系统工作,上位机测试系统页面中能建立_____,绘制出_____。

二、判断题

1. 激光雷达无法正常工作,一般首先检查电源指示灯和网络指示灯是否点亮。（ ）
2. 激光雷达系统正常工作,建立三维点云图,绘制出环境地图,测试系统显示信息。（ ）
3. 打开智能传感器装配调试台架电源开关,激光雷达系统工作,如果出现数据有误差,首先考虑进行校正处理。（ ）
4. 激光雷达重新安装后,不需要对激光雷达进行校正。（ ）
5. 激光雷达控制器通过 CAN 总线和上位机进行通信。（ ）

任务 3　激光雷达标定

任务目标

1. 理解激光雷达的工作原理与标定方法。
2. 学会对激光雷达的数据及信号显示结果进行分析。

知识准备

一、激光测距原理

激光测距根据算法有脉冲回波检测、相位检测和幅值检测 3 种方法。其中,脉冲测距和相位测距较为常见。

1. 激光脉冲回波检测法

首先激光发射端（TX）发射具有一定频率的短促的激光信号,同时启动时钟计数器,直到接收端（RX）收到障碍物发射的机械回波信号,并转换为相应的电信号。此时放大接收电路会将电信号放大,控制器会识别该信号,同时时钟计数器停止计数,读出计数器数值即可得到回波时间,从而计算出障碍物到雷达的距离。激光脉冲回波检测法测距原理如图 4-15 所示。

2. 激光相位检测法

激光相位检测法是对发射的激光强度进行连续调制,测定调制光往返过程中所经过的相

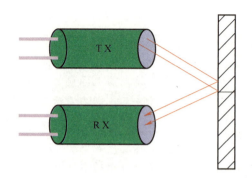

图 4-15 激光脉冲回波检测法测距原理

位变化,从而间接测量传播时间,进而计算出距离。激光相位检测法测距原理如图 4-16 所示。

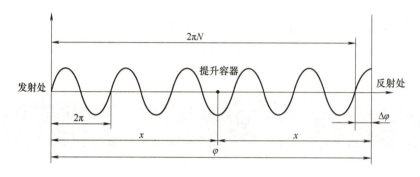

图 4-16 激光相位检测法测距原理

假设发射处与反射处(提升容器)的距离为 x,激光的速度为 c,激光往返它们之间的时间为 t,则有

$$t = \frac{2x}{c} \tag{4-1}$$

调制波频率为 f,从发射到接收间的相位差为 φ,则有

$$\varphi = 2\pi f t = \frac{4\pi f x}{c} = 2\pi N + \Delta\varphi \tag{4-2}$$

其中,N 为完整周期波的个数,$\Delta\varphi$ 为不足周期波的余相位。因此,可求得

$$x = \frac{\varphi c}{4\pi f} = \frac{c}{2f}\left(\frac{2\pi N + \Delta\varphi}{2\pi}\right) = \frac{c}{2f}(N + \Delta N) \tag{4-3}$$

激光脉冲测距的调制方式是产生巨脉冲,激光相位测距的调制方式是产生强度呈余弦变化的连续波。相位测距的精度高于脉冲测距,负载小,使用较多。

3. 激光幅值检测法

激光幅值检测法是将回收到的机械回波信号进行处理,并将其转化为包络曲线,利用对该曲线的峰值分析来确定机械回波前沿最远所能到达的距离。对有相同距离的不同障碍物,机械回波的包络曲线大致相同,但其幅值不同;对于同一个障碍物,即使距离不同,其回波信号所产生的包络曲线仍然大致相似,但是每一个曲线的幅值不同。也就是说,机械回波的前沿到达时间 t_0 与回波幅值时间 t 之间的时间差基本是固定不变的，只要通过回波信号包络曲线的幅值确定回波幅值时间 t，再减去固有的时间差 $\Delta t = t - t_0$，就可以确定障碍物距离激光雷达的距离。但是，这种方法仅通过回波幅值来判断距离，易受反射波的影响。

二、激光雷达点云信息

点云是在单位采样时间内，在同一空间参考系下表达目标空间分布和目标表面光谱特性的海量位置点集合，是激光雷达扫描数据的通用表现形式。激光雷达点云扫描示意图如图4-17所示。

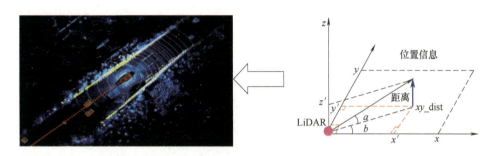

图 4-17　激光雷达点云扫描示意图

若将激光束按照某种轨迹进行扫描，边扫描边记录反射的激光点信息，则能够得到大量的激光点，形成激光点云。

无人驾驶汽车行驶的过程中，激光雷达同时以一定的角速度匀速转动，在这个过程中会不断地发出激光并收集反射点的信息，以便得到全方位的环境信息，雷达扫描示意如图4-18 所示。

激光雷达在收集反射点距离的过程中也会同时记录下该点发生的时间和水平角度，并且每个激光发射器都有编号和固定的垂直角度，根据这些数据我们就可以计算出所有反射点的坐标。激光雷达每旋转一周收集到的所有反射点坐标的集合就形成了点云。

图 4-18　雷达扫描示意

由于雷达封装的数据包仅为水平旋转角度和距离参量，为了呈现三维点云图的效果，将极坐标下的角度和距离信息转化为了笛卡尔坐标系下的 xyz 坐标，如图4-19所示，他们的转换关系如下：

$$\begin{cases} x = r\cos\omega\sin\alpha \\ y = r\cos\omega\cos\alpha \\ z = r\sin\omega \end{cases} \tag{4-4}$$

其中 r 为实测距离，ω 为激光的垂直角度，α 为激光的水平旋转角度，x、y、z 为极坐标投影到 X、Y、Z 轴上的坐标。

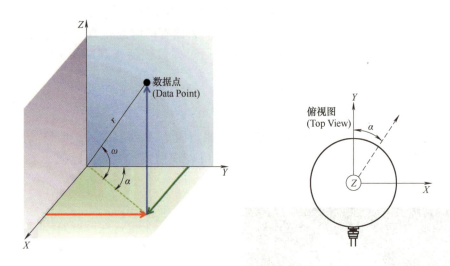

图 4-19　雷达极坐标与 *XYZ* 坐标映射

三、同时定位与地图构建（SLAM）定义及分类应用

同时定位与地图构建（Simultaneous Localization and Mapping，SLAM），通常是指在机器人或者其他载体上，通过对各种传感器数据进行采集和计算，生成对其自身位置姿态的定位和场景地图信息的系统。SLAM 起源于机器人领域，可以描述为机器人在未知环境中开始尝试从一个未知位置移动，在移动过程中根据自身位姿估计和地图匹配进行自身定位，然后在自身定位的基础上实现在运动中拓展地图，最终实现全局机器人的自主定位和导航。SLAM 示意图如图 4-20 所示。

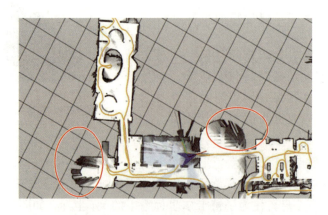

图 4-20　SLAM 示意图

图 4-20 所示的黑色边界即激光雷达探测到的障碍物边界，表示此路不通，白色区域是可行驶的自由区域，放射状的线条（图 4-20 中圈内）表示此处有窗户或门，激光雷达部分点散射了出去。通过扫描整个环境，可以形成一幅 2D 的激光雷达视觉地图。通过与环境的匹配对比，机器人或车辆能判断自身目前在地图中所处的位置。黄色线条是规划和行驶的路线。

一般来讲，SLAM 系统通常都包含多种传感器和多种功能模块。而按照核心的功能模块来区分，目前常见的智能网联汽车 SLAM 系统一般具有两种形式：基于激光雷达的 SLAM（激光 SLAM）和基于视觉的 SLAM（Visual SLAM 或 VSLAM）。视觉 SLAM 根据所用的摄像头个数不同又分为单目 SLAM、双目 SLAM。

视觉 SLAM 可以从环境中获取海量的、冗余的纹理信息，它拥有超强的场景辨识能力。图 4-21 所示为视觉 SLAM 导航与避障应用案例。

激光 SLAM 系统通过对不同时刻两片点云的匹配与比对，能计算激光雷达相对运动的距离和姿态的改变，从而完成对自身的定位。激光雷达距离测量比较准确，误差模型简单，在强光直射以外的环境中运行稳定，点云的处理也比较容易。同时，点云信息本身包含直接的几何关系，使路径规划和导航变得直

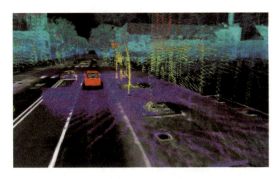

图 4-21　视觉 SLAM 导航与避障应用案例

观。激光 SLAM 理论研究也相对成熟，落地产品更丰富。以谷歌汽车为例，车辆携带有 GPS，通过 GPS 对位置进行判断，并以激光雷达 SLAM 点云图像与高精度地图进行坐标匹配，匹配后能确认自身位姿。单目 SLAM 成本低，但由于无法测量深度、尺度等问题，导致精度不高。双目 SLAM 经过系统的标定后，可以通过计算得到深度信息。因此，从鲁棒性和可靠性来说，双目 SLAM 要比单目 SLAM 好一些。一般来说，视觉 SLAM 都结合 IMU 等传感器使用，以更大程度地提高高精度地图精度和姿态估计精度。

四、激光雷达标定

激光雷达与车体为刚性连接，两者间的相对姿态和位移固定不变，为了建立各个激光雷达之间的相对坐标关系，需要对激光雷达的安装进行简单的标定，并使激光雷达数据从激光雷达坐标统一转换至车体坐标上。激光雷达标定的目的是求解激光雷达测量坐标系相对于其他测量坐标系的相对变换关系，以便获取障碍物相对本车的距离、速度、角度等信息。本节以机械式激光雷达（镭神智能 C16 系列）和固态激光雷达（Livox Tele-15）为例阐述激光雷达的标定。

1. 机械式激光雷达——镭神智能 C16

（1）标定原理　选定车体坐标 X 轴为激光雷达扫描角度为零时车体的指向，Z 轴指向车体上方，XYZ 轴构成右手系，激光雷达所有的扫描点在同一个几何平面 S 上，将扫描点 P 投影到坐标面和坐标轴，单线激光雷达模型如图 4-22 所示。

扫描点 P 在车体坐标系中的坐标为

$$c = \begin{bmatrix} x \\ y \\ z \end{bmatrix} = \begin{bmatrix} \rho\cos\theta\cos\alpha_0 \\ \rho\sin\theta \\ h_0 - \rho\cos\theta\sin\alpha_0 \end{bmatrix} \tag{4-5}$$

式中　ρ——扫描点到激光雷达的距离；

θ——扫描角度；

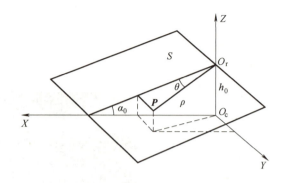

图 4-22 单线激光雷达模型

α_0——安装俯角；

h_0——安装高度。

（2）雷达配置

1）连接机械式激光雷达。

2）Windows 软件显示点云和配置雷达。

随雷达附送的点云显示软件能够解析数据包和设备包信息，显示 3D 点云数据，通过可视化界面，用户可以重置雷达参数。雷达默认网络配置见表 4-2。

表 4-2 雷达默认网络配置

	IP 地址	UDP 设备包端口号	UDP 数据包端口号
雷达	192.168.1.200	2368（固定不可配）	2369（固定不可配）
计算机	192.168.1.102	2369	2368

注意设置雷达 IP 时，本地 IP 与目的 IP 不能设置为同一 IP，否则雷达将不能正常工作。雷达组播模式时，两个目的端口禁止设置为同一个端口号。

连接雷达时，计算机与雷达的 IP 在不同网段时，需要设置网关；在相同网段时，设置不同 IP 即可，例如：192.168.1.x，子网掩码为 255.255.255.0。若需查找雷达的以太网配置信息，连接雷达后计算机可以使用 Wireshark 软件抓取设备 ARP 包进行分析，如图 4-23 所示：

（3）数据包解析

1）获取点云信息步骤。用户如需自行解析雷达数据，依照如下步骤：

① 解析数据包，获得每一线的相对水平角度、测距信息、强度数据和微秒时间戳信息。

② 读取设备包，获取水平修正角度值、UTC 时间（GPS 或 NTP 授时）和设备当前状态配置等信息。

③ 依据雷达光束分布得到每一线的垂直角度。

④ 根据点云数据的测距值、垂直角度以及计算后的水平角度，得到 XYZ 坐标值。

⑤ 如果需要，通过 UTC 时间、微秒时间戳、雷达每一线发光时刻和单双回波模式，计算点云数据的精确时间。

⑥ 根据需要重新配置以太网、PPS 同步水平角度、转速等信息，打包配置包协议。

2）通信协议。雷达数据输出和配置使用百兆以太网 UDP/IP 通信协议，共有三种 UDP 包协议，包长均为 1248 字节（42 字节以太网包头和 1206 字节有效载荷），见表 4-3。雷达支持单播、广播和组播通信。

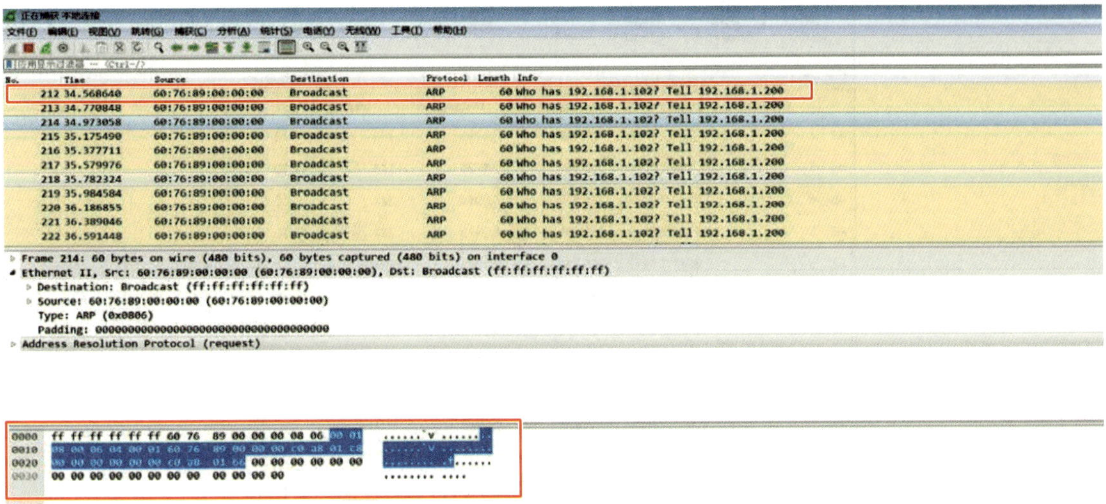

图 4-23 Wireshark 抓取 ARP 包

表 4-3 UDP 包协议

UDP 包名称	简　称	功　能	长度/字节	发送间隔
MSOP	数据包	输出测量数据、时间戳等	1248	约 1.2ms/0.6ms
DIFOP	设备包	输出参数配置和状态信息	—	约 0.33s
UCWP	设备包	输入配置参数	—	不固定

雷达的通信协议有：

① 主数据流输出协议（Main data Stream Output Protocol，MSOP），雷达测量的距离、角度、强度等信息输出。

② 设备信息输出协议（Device Information Output Protocol，DIFOP），雷达和附属设备的当前状态和各种配置信息输出。

③ 用户配置写入协议（User Configuration Write Protocol，UCWP），设置雷达的配置参数。

3）激光雷达软件的数据（图 4-24）。解析激光雷达数据：数据包输出点云的角度值、距离值、强度值、时间戳等测量数据。数据包的数据采用小端模式，数据包包括 42 字节以太网包头和 1206 字节的有效载荷，长度 1248 字节。有效载荷由 1200 字节点云、数据 channel data（12 个 100 字节的数据块）和 6 字节的附加信息（4 字节的 Timestamp 和 2 字节的 Factory）组成。水平角度值 Azimuth 表示数据块 2 组 16 次激光发射第一次发射测距时的角度值，也即数据块第一个 channel 0 的角度，单位 0.01°。回波强度表示被测物的能量反射特性，强度值代表 0~255 个不同反射物的强度等级。

4）回波模式。C16 线激光雷达数据支持单回波和双回波模式。单回波测量最近回波值，双回波测量最近回波和次近回波值（时间轴）。

单回波模式时，一次单点激光发射测量一次回波数据。一个点云数据包包含 12 个数据块，每个数据块包含了 2 组按照打包顺序测量的 16 个通道点云数据，每个数据块只返回一个

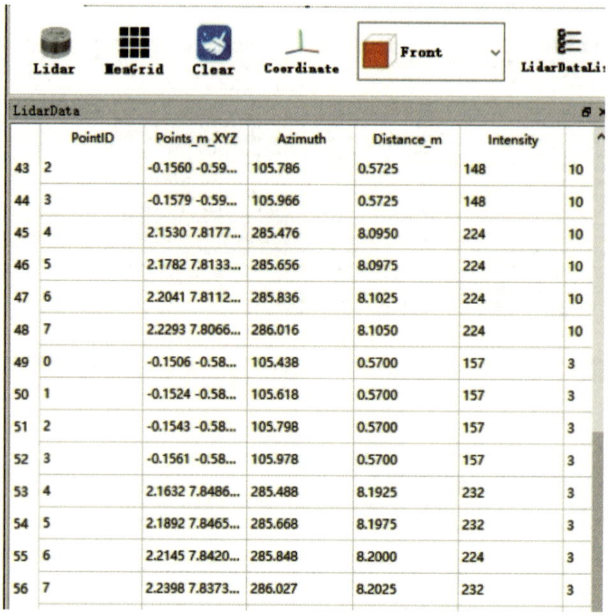

	PointID	Points_m_XYZ	Azimuth	Distance_m	Intensity	
43	2	-0.1560 -0.59...	105.786	0.5725	148	10
44	3	-0.1579 -0.59...	105.966	0.5725	148	10
45	4	2.1530 7.8177...	285.476	8.0950	224	10
46	5	2.1782 7.8133...	285.656	8.0975	224	10
47	6	2.2041 7.8112...	285.836	8.1025	224	10
48	7	2.2293 7.8066...	286.016	8.1050	224	10
49	0	-0.1506 -0.58...	105.438	0.5700	157	3
50	1	-0.1524 -0.58...	105.618	0.5700	157	3
51	2	-0.1543 -0.58...	105.798	0.5700	157	3
52	3	-0.1561 -0.58...	105.978	0.5700	157	3
53	4	2.1632 7.8486...	285.488	8.1925	232	3
54	5	2.1892 7.8465...	285.668	8.1975	232	3
55	6	2.2145 7.8420...	285.848	8.2000	224	3
56	7	2.2398 7.8373...	286.027	8.2025	232	3

图 4-24　激光雷达软件的数据

方位角，每个方位角输出 2 组数据。

单回波数据包中，每个数据块只有一个水平角度值，它代表了此数据块最早一次发射测量 channel 0 对应的水平角度值，其他的 2 组 16 个通道对应的角度需要通过插值得到。由于雷达匀速旋转，数据块的每个通道发光时间间隔相同，因此对相邻两个角度值［Azimuth N 和 Azimuth（N+2）］进行插值，再按照每通道的发光时间，可计算出数据块其余 31 次激光发光对应的水平角度值，16 线单回波数据格式如图 4-25 所示。

> 以雷达 Block 3 的第二组 channel 15 数据为例：
>
> 1）Block 3 第一组 channel 0 的发光时刻角度为 N4。
>
> 2）Block 3 第二组 channel 0 的发光时刻与第一组 channel 0 的发光时刻的角度偏移为 (N4−N2)/2，因此，第二组 channel 0 发光时刻的角度为｛N4+[(N4−N2)/2]｝。
>
> 3）由 16 线雷达发光时间表可知，Block 3 第二组 channel 15 的发光时刻［T0+(15×T)］相对第二组 channel 0 的发光时刻 T0 时间差（15×T），角度偏转为｛[(N4−N2)/2]/16｝×15，因此，第二组 channel 15 发光的水平角度＝第二组 channel 0 的发光时刻角度+偏转角度＝[N4+(N4−N2)/2]+｛[(N4−N2)/2]/16｝×15。
>
> 4）公式中除以 16 是因为 A 型雷达的发光周期 $T=3.125\mu s$，每个数据块中每一组 16 通道起始发光时间间隔为 50μs，50μs/3.125μs＝16。

当使用双回波模式时，一次单点激光发射测量两次回波数据。数据包包含 6 个奇偶数据块对，每 2 个数据块包含 2 组按照打包顺序测量的 16 个通道两次回波值。Block（1，2）数据块为第一个 2 组 16 个点云数据的两次回波数据，奇数块为一次回波数据，偶数块为二次回波数据；block（3，4）数据块为下一个 2 组 16 个点云数据的两次回波数据，以此类推。每个奇

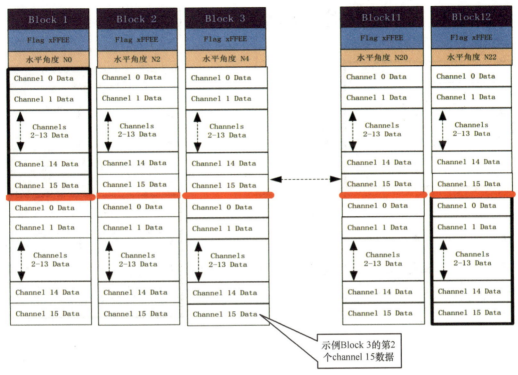

图 4-25 16 线单回波数据格式

偶数据块对只返回一个方位角。

双回波数据包，一次单点激光发射测量两次回波数据。每对奇偶数据块包含了 2 组发射时间序列的 16 个通道的两次测量值，每一对奇偶数据块只返回一个方位角。第 N 个奇数块和偶数块提供的角度值为最近一次发射测量 channel 0 对应的水平角度值，其他 31 个通道对应的角度值需要插值得到，16 线双回波数据格式如图 4-26 所示。

以雷达的 Block 3 的第二组 channel 15 数据为例：

1）Block 3 第一组 channel 0 的发光时刻角度为 N2。

2）Block 3 第二组 channel 0 发光时刻与第一组 channel 0 的发光时刻的角度偏移为（N2-N0）/2，因此，第二组 channel 0 发光时刻的角度为 {N2+[(N2-N0)/2]}。

3）由 16 线雷达发光时间表可知，Block 3 第二组 channel 15 的发光时刻 [T0+(15×T)] 相对第二组 channel 0 的发光时刻 T0 时间差（15×T），角度偏转为 {[(N2-N0)/2]/16}×15，因此，第二组 channel15 发光的水平角度=第二组 channel 0 的发光时刻角度+偏转角度=[N2+(N2-N0)/2]+{[(N2-N0)/2]/16}×15。

4）公式中除以 16 是因为 B/C 型雷达的发光周期 $T=3.125\mu s$，每个数据块中每一组 16 通道起始发光时间间隔为 $50\mu s$，$50\mu s/3.125\mu s=16$。

2. 固态激光雷达——Livox Tele-15

（1）标定原理　Livox Tele-15 是大疆研究的一款具有高性能、低成本、可量产的固态式激光雷达。Livox Tele-15 的坐标信息可表示为直角坐标 (x, y, z) 或球坐标 (r, θ, ϕ)，其

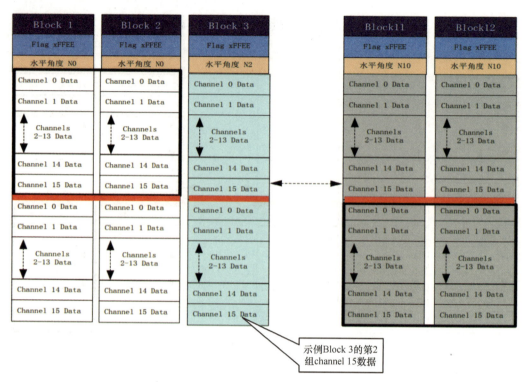

图 4-26 16 线双回波数据格式

直角坐标和球坐标的对应关系如图 4-27 所示。如果前方无被探测物体或者被探测物体超出量程范围（例如 600m），在直角坐标系下，点云输出为（0，0，0）；在球坐标系下，点云输出为（0，θ，ϕ）。

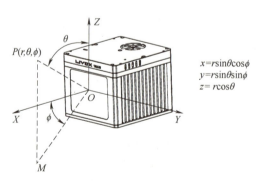

图 4-27 点云数据中球坐标与直角坐标的关系

（2）雷达配置　Livox Tele-15 的插接器可提供外部电源，并传输数据。使用 Livox Tele-15 激光雷达时，推荐使用 Livox 电源转接插座 2.0，Livox 电源转接插座 2.0 集成了激光雷达插接器接口、同步信号接口、电源接口以及以太网接口。

Livox Tele-15 支持两种 IP 模式：动态 IP 地址模式以及静态 IP 地址模式。所有 Livox Tele-15 出厂默认为静态 IP，IP 地址为 192.168.1.1×× （×× 为序列号最后两位数字），子网掩码为 255.255.255.0，默认网关为 192.168.1.1。第一次使用时不需要路由器，即可直接与计算机连接。两种 IP 地址设置下连接方式有所不同：静态 IP 为出厂默认，可直接与计算机连接，通过

Livox Viewer 或 SDK 可将 Livox Tele-15 设置为任意网段的静态 IP 地址；动态 IP 采用动态主机配置协议 DHCP 分配地址，需使用 Livox Viewer 或 SDK 将设备切换至动态 IP 模式，再通过路由器连接。

1）静态 IP。

① 连接前，将计算机的 IP 设置为静态 IP。设置方法如下：

Windows 系统：

a. 在控制面板中，进入网络和共享中心。

b. 单击"以太网"跳转到以太网状态界面，单击"属性"按钮进入以太网属性设置。

c. 双击"internet 协议版本 4(TCP/IPV4)"。

d. 将 IP 地址设置为 192.168.1.50，子网掩码设置为 255.255.255.0，单击"确认"，完成对计算机静态 IP 的设置。

Ubuntu-16.04 系统：

IP 地址的配置可以在终端中通过 ifconfig 命令配置，配置的示例代码为 sudo ifconfig enp4s0 192.168.1.50（其中，需要将 enp4s0 替换为本机的网口名称）。

② 计算机静态 IP 地址设置完成后，请按照图 4-28 所示连接。

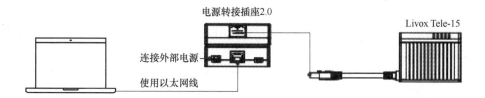

图 4-28　静态 IP 模式的连接方式

a. 将 Livox Tele-15 上的激光雷达插接器插入电源转接插座 2.0 的激光雷达插接器。

b. 使用以太网线，将电源转接插座 2.0 连接至个人计算机。

c. 通过电源转接插座 2.0 的电源接口连接外部电源。

2）动态 IP。

① 首先按照图 4-28 所示的方式连接 Livox Tele-15、电源转接插座 2.0、外部电源和计算机。

② 在计算机上运行 Livox Viewer，于设备参数设置界面中将局域网内激光雷达的 IP 地址设置为动态 IP 地址。

③ 设置完毕后，断开 Livox Tele-15 的所有连接，动态 IP 重启后生效。

④ 然后将计算机设置为动态 IP 模式。设置方法如下：

Windows 系统：

a. 在控制面板中，进入网络和共享中心。

b. 单击"以太网"跳转到以太网状态界面，单击"属性"按钮进入以太网属性设置。

c. 双击"internet 协议版本 4(TCP/IPV4)"。

d. 选择"自动获得 IP 地址"以及"自动获得 DNS 服务器地址"，单击"确认"，完成对计算机动态 IP 的设置。

Ubuntu-16.04 系统：

a. 打开 Ubuntu 网络连接编辑器。

b. 在网络连接编辑器中的操作依次为重命名连接名称，然后在"方法"选项中选择"自动（DHCP），最后单击"保存"。

⑤ Livox Tele-15 和计算机的动态 IP 设置完成后，请按照图 4-29 所示进行连接。

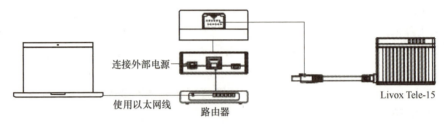

图 4-29　动态 IP 模式的连接方式

a. 将 Livox Tele-15 上的激光雷达插接器插入电源转接插座 2.0 的激光雷达插接器。

b. 使用以太网线，将电源转接插座 2.0 和个人计算机分别连接至路由器 LAN 口。

c. 通过电源转接插座 2.0 的电源接口连接外部电源。

（3）数据包解析　Livox Tele-15 的输出数据中包含点云数据和 IMU 数据。点云数据和 IMU 数据中都包括了时间戳信息以及状态指示码信息，而点云数据中还包括了目标反射率、坐标信息及标记信息。

1）坐标系。Livox Tele-15 中内置 IMU，点云坐标系 $O\text{-}XYZ$ 和 IMU 坐标系 $O'\text{-}X'Y'Z'$ 的定义如图 4-30所示。IMU 坐标原点 O' 在点云坐标系 $O\text{-}XYZ$ 上的坐标为（-84.7, 42.5, -35.3）（单位：mm）。

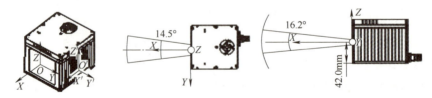

图 4-30　Livox Tele-15 坐标定义

2）点云数据。点云数据是激光雷达于视场角中于被测物表面所探测到的所有点云的总和。每个点云包含以下信息。

① 目标反射率：以 0~255 表示。其中 0~150 对应反射率在 0~100% 的漫散射物体；而 151~255 对应全反射物体。

② 标记（Tag）：主要指示多回波信息及噪点信息。标记信息的格式见表 4-4。

表 4-4　标记信息的格式

bit7	bit6	bit5	bit4	bit3	bit2	bit1	bit0
保留位		回波序号： 00 第 0 个回波 01 第 1 个回波 10 第 2 个回波 11 第 3 个回波		基于强度的点属性： 00 正常点 01 回波能量噪点置信度高 10 回波能量噪点置信度中 11 保留位		基于空间位置的点属性： 00 正常点 01 空间噪点置信度高 10 空间噪点置信度中 11 空间噪点置信度低	

每个标记信息由 1 字节组成，该字节中 bit7 和 bit6 为第一组，bit5 和 bit4 为第二组，bit3 和 bit2 为第三组，bit1 和 bit0 为第四组。

第二组表示的是该采样点的回波次序。由于 Livox Tele-15 采用同轴光路，即使外部无被测物体，其内部的光学系统也会产生一个回波，该回波记为第 0 个回波。随后，若激光出射方向存在可被探测的物体，则最先返回系统的激光回波记为第 1 个回波，随后为第 2 个回波，以此类推。如果被探测物体距离过近，第 1 个回波将会融合到第 0 个回波里，该回波记为第 0 个回波。

第三组基于回波能量强度判断采样点是否为噪点。通常情况下，激光光束受到类似灰尘、雨雾、雪等干扰产生的噪点的回波能量很小。目前按照回波能量强度大小将噪点置信度分为两档：01 表示回波能量很弱，这类采样点有较高概率为噪点，例如灰尘点；10 表示回波能量中等，该类采样点有中等概率为噪点，例如雨雾噪点。

第四组基于采样点的空间位置判断是否为噪点。例如，激光雷达在测量前后两个距离十分相近的物体时，两个物体之间可能会产生拉丝状的噪点。目前按照不同的噪点置信度分为三档，噪点置信度越低，说明该点是噪点的可能性越低。

3）时间戳。Livox Tele-15 的点云数据及 IMU 数据中包含时间戳信息。

Livox Tele-15 支持三种同步方式：IEEE1588-2008 同步、PPS 同步和 GPS 同步。当有多种同步方式接入时，同步优先级顺序为 IEEE1588-2008>GPS>PPS。

① IEEE1588-2008：IEEE1588-2008 是指"Precision Time Protocol"，即"精确时间协议"，它通过以太网实现精确时间同步。Livox 激光雷达在同步网络中使用的 UDP/IPv4 协议，采用"two-step"同步模式，支持的报文格式有：Sync、Follow_up、Delay_req 和 Delay_resp。

② PPS：脉冲同步通过同步信号线实现数据同步。其同步逻辑如图 4-31 所示。脉冲同步的脉冲周期为 t_0（t_0 = 1000ms），高电平时间为 t_1（20ms<t_1<200ms）。脉冲同步上升沿到来时，点云中时间戳清零，因此点云数据的时间戳表示的是点云数据采样与上一个脉冲同步上升沿的间隔时间。

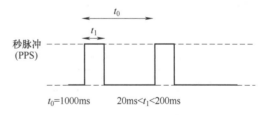

图 4-31 脉冲同步逻辑

③ GPS：GPS 模块输出 PPS 信号和 UTC 时间信息，将它们传输给 Livox Tele-15 实现同步。其中，PPS 信号通过 Livox Tele-15 的同步信号线接口输入，UTC 时间信息通过 SDK 传输给 Livox Tele-15。PPS 信号和 UTC 时间指令的逻辑如图 4-32 所示。使用 GPS 同步后，点云数据的时间戳为 UTC 格式。

4）状态指示。Livox Tele-15 的点云数据及 IMU 数据中包含状态指示代码信息。状态指示代码显示当前 Livox Tele-15 的工作状态。通过状态指示代码，用户可查看温度状态、电压状态、电机状态、脏污预警、剩余工作寿命预警以及脉冲同步信号状态。用户可于 Livox Viewer 或 SDK 中查看状态指示代码。查看 Livox Viewer 用户手册设备管理窗口部分可以了解如何查看状态指示代码，见表 4-5。

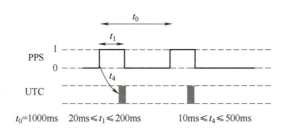

图 4-32　UTC 时间指令逻辑

表 4-5　Livox Tele-15 状态指示代码

状　　态	描　　述
温度状态	提示是否温度异常。温度状态包括：正常、警告和错误
电压状态	提示是否出现内部电压异常。电压状态包括：正常、警告和错误
电机状态	提示是否出现内部电机异常。电机状态包括：正常、警告和错误
脏污警告	提示是否于窗口检测到严重的灰尘，以及是否有物体遮挡窗口或是否距离激光雷达近处有障碍物
剩余工作寿命预警	提示是否当前激光雷达已临近其使用寿命。当该预警出现时，激光雷达还能使用一段时间，请及时更换
脉冲同步信号状态	提示脉冲同步信号是否正常接入

5）工作状态及工作模式。Livox Tele-15 工作状态包括初始化状态、正常工作状态、待机状态、低功耗状态以及错误状态，见表 4-6。不同工作状态的关系示意图如图 4-33 所示。

表 4-6　Livox Tele-15 工作状态及工作模式描述

工作状态	描　　述
初始化状态	激光雷达正在启动
正常工作状态	激光雷达已经启动且正常工作
待机状态	激光雷达已经启动，但还未发射激光光束
低功耗状态	除通信模块外，其他部分已停止工作
错误状态	检测到错误后，激光雷达将会进入错误状态。除通信模块外，其余部分将会关闭

Livox Tele-15 有三种工作模式：正常工作模式、待机模式以及低功耗模式，如图 4-34 所示。用户可前往 Livox Viewer 或 SDK 设置不同的工作模式。

6）回波模式。Livox Tele-15 支持多回波模式，可前往 Livox Viewer 或 SDK 进行配置。若选择多回波模式，Livox 将最多支持输出两个回波的点信息。

Livox Tele-15 的点云输出为每秒 240000 点，若开始多回波模式，则点云输出为每秒 480000 点。使用 Livox Viewer 可以快速设置回波模式，方法如下：正确连接 Livox Tele-15 后，选择需要设置的设备，然后进入设备参数设置界面，即可更改回波模式。

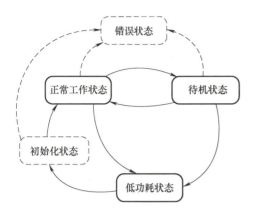

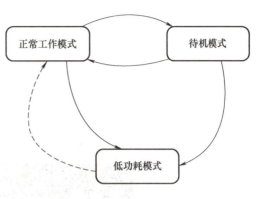

图 4-33　不同工作状态的关系示意图　　　图 4-34　Livox Viewer 中可设置的不同工作模式之间的关系

任务实施

任务步骤	任务要点	实施记录
任务准备	1. 更换实训服，摘掉首饰，长发挽起固定于脑后 2. 严禁非专业人员或无教师在场的情况下私自对部件进行操作 3. 总成拆装需要至少两人配合完成，不可一人单独作业	是否完成：是□　否□
工具准备	激光雷达、智能传感器装配调试台架、万用表、示波器、目标模拟器、卷尺（直尺）	是否正常：是□　否□
制订计划	根据任务目标，制订任务实施计划 | 序号 | 作业项目 | 实施要点 | |---|---|---| |　|　|　| |　|　|　| |　|　|　| |　|　|　|	
检查实训平台并开启总电源	1. 检查实训平台是否平稳放置且脚轮锁紧 2. 检查漏电保护器是否正常 3. 检查电源插头是否破损，是否安全接地并处于干燥状态 4. 检查接入电源是否为 220V 50Hz 交流电源 5. 开启实训平台总电源，检查电源指示灯是否亮	是否完成：是□　否□ 是否完成：是□　否□ 是否完成：是□　否□ 是否完成：是□　否□ 是否完成：是□　否□

121

（续）

任务步骤	任务要点	实施记录
激光雷达标定	1. 在工作区放置工作牌，将激光雷达安装在支架上，注意平整与无遮挡 2. 打开计算机的"设备管理器"，查看连接硬件的识别端口 3. 启动激光雷达数据采集软件扫描数据 4. 在雷达正前方放置目标模拟器，观察扫描的点云图像 5. 移动物体，观察点云变化 6. 记录下目标模拟器的位置信息 7. 解析数据包，获得每一线的相对水平角度、测距信息、强度数据和微秒时间戳信息 8. 读取设备包，获取水平修正角度值、UTC 时间（GPS 或 NTP 授时）和设备当前状态配置等信息 9. 依据雷达光束分布得到每一线的垂直角度 10. 根据点云数据的测距值、垂直角度以及计算后的水平角度，得到 XYZ 坐标值 $$c = \begin{bmatrix} x \\ y \\ z \end{bmatrix} = \begin{bmatrix} \rho\cos\theta\cos\alpha_0 \\ \rho\sin\theta \\ h_0 - \rho\cos\theta\sin\alpha_0 \end{bmatrix}$$ 11. 计算出目标模拟器相对本车的距离、速度、角度等信息 12. 通过 UTC 时间、微秒时间戳、雷达每一线发光时刻和单双回波模式，计算点云数据的精确时间	是否完成：是□ 否□ 是否完成：是□ 否□ 是否完成：是□ 否□ 点云信息： 位置信息： 距离：_____ 速度：_____ 角度：_____ 水平角度：_____ 测距信息：_____ 强度数据：_____ 微秒时间戳信息：_____ 水平修正角度值：_____ UTC 时间：_____ 设备当前状态配置：_____ 雷达垂直角度： _____ 计算 XYZ 坐标值： _____ 距离：_____ 速度：_____ 角度：_____ 点云的精确时间：_____
设备断电 整理现场	将现场设备、工具等物品按 6S 标准清理归位	是否完成：是□ 否□
操作视频		

激光雷达装调与检测　　项目4

质量评价

任务总结	对激光雷达标定的小结：					
	工作实施情况反思：					
质量评价	评分项目	知识能力（25分）	实践能力（25分）	职业素养（25分）	工作规范6S（25分）	总评
	自我评分					
	小组评分					
	教师评分					
	合计					

回顾思考

一、填空题

1. 激光雷达的测距原理有_____和_____两种方式。

2. 脉冲测距时用的光脉冲功率很大，一般峰值功率在_____以上，脉冲宽度在_____以下。

3. 与使用二维图像相比，_____能够更容易被计算机使用。

4. 激光脉冲测距的调制方式是产生_____，激光相位测距的调制方式是产生强度呈_____变化的连续波。

二、选择题

1. 高频激光可在一秒内获取（　　）数量级的点云。
   A. $10^5 \sim 10^6$　　　　　　　　B. $10^5 \sim 10^7$
   C. $10^6 \sim 10^7$　　　　　　　　D. $10^6 \sim 10^8$

2. 以下对激光脉冲测距描述不正确的是（　　）。
   A. 激光脉冲测距精度较高
   B. 测距时用到的光脉冲功率很大
   C. 脉冲宽度在几十毫秒以下

123

D. 调制方式是产生巨脉冲

3. 根据题图4-2雷达极坐标与XYZ坐标映射图，Y轴坐标为（　　）。

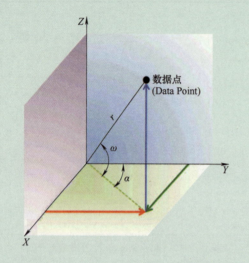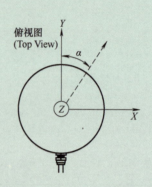

题图 4-2

A. $r\cos\omega\sin\alpha$　　　　　　B. $r\sin\omega\cos\alpha$

C. $r\sin\omega\sin\alpha$　　　　　　D. $r\cos\omega\cos\alpha$

4. 关于相位测距，以下描述不正确的是（　　）。

A. 负载小　　　　　　　　B. 使用较多

C. 调制方式是连续波　　　D. 精度低于脉冲测距

5. 点云的数据保真度随着距离的增加而（　　）。

A. 不变　　　　　　　　　B. 上升

C. 下降　　　　　　　　　D. 不稳定

6. 无人驾驶汽车行驶的过程中，机械式激光雷达处于（　　）状态。

A. 匀速纵向移动　　　　　B. 匀速横向移动

C. 以一定角速度匀速转动　D. 以一定角速度变速转动

7. 激光雷达每旋转一周收集到的所有反射点坐标的集合就形成了（　　）。

A. 二维坐标　　　　　　　B. 点云

C. 三维坐标　　　　　　　D. 三维图像

8. 深圳速腾聚创公司的16线激光雷达产品RS-LiDAR-16，工作中在扫描平面墙体时，会呈现出类似（　　）分布轮廓的点云图。

A. 双曲线　　　　　　　　B. 二维平面

C. 三维平面　　　　　　　D. 矩形平面

三、判断题

1. 德国IBEO公司的激光雷达SDK，输出的原始扫描数据图中，矩形框代表障碍物的运动方向。（　　）

2. 实际应用时，激光雷达供应商不会直接输出已经处理好的障碍物结果。（　　）

3. 激光雷达封装的数据包中，不仅有水平旋转角度和距离参量，还包括三维点云效果图。（　　）

4. 激光雷达在收集反射点距离的过程中也会同时记录下该点发生的时间和水平角度。（　　）

5. 与使用二维图像相比，计算机最容易理解点云构建的三维物理形象。（　　）

6. 距离激光雷达的远近不同，点云的疏密程度也不相同，较近的点云具有较低的分辨率。（　　）

7. 激光雷达获取的点云数据，除了进行三维建模外，没有其他用途。（　　）

8. 点云是在单位采样时间内，在同一空间参考系下表达目标空间分布和目标表面光谱特性的海量位置点集合。（　　）

四、简答题

1. 请结合题图4-3激光相位式测距原理图，说明激光相位测距原理及相应计算公式。

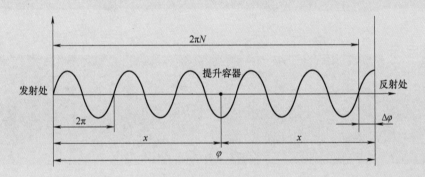

题图 4-3

2. 请说明激光脉冲测距原理。

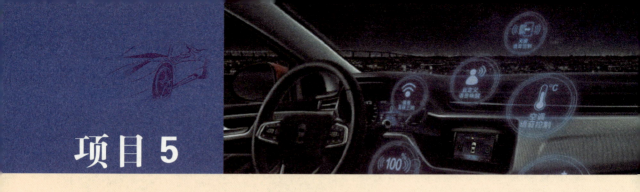

项目 5

视觉传感器装调与检测

任务 1　视觉传感器认知与安装

任务目标

1. 掌握视觉传感器的概念。
2. 熟悉视觉传感器的主要类型及基本组成。
3. 了解视觉传感器的主要工作流程。
4. 了解视觉传感器的应用场景。

知识准备

一、视觉传感器的概念及分类

1. 视觉传感器的概念

随着机器视觉技术的发展，可以通过视觉传感器实现无人驾驶汽车的感知和定位 2 个功能。其中，感知功能主要有障碍物识别、交通标志识别、可通行空间识别、交通信号灯识别；定位功能是基于视觉 SLAM 技术，将提前建好的地图和实时的感知结果做匹配，获取当前汽车的位置。

视觉传感器工作状态受天气状态、光线明暗和拍摄物体形状的影响较大，著名的企业是 MobilEYE，甚至美国特斯拉汽车公司在其自动驾驶技术方案中，坚决排斥激光雷达，而采用了"毫米波雷达+视觉传感器"的方案。此外，除了无人驾驶应用以外，视觉传感器还可以用于倒车辅助、泊车辅助、驾驶员行为监测等应用。

视觉传感器是指通过对摄像头拍摄到的图像进行图像处理，对目标进行检测，并输出数据和判断结果的传感器。视觉传感器又可以称为车载相机。视觉传感器在智能网联汽车或无人驾驶汽车上的应用是以摄像头（机）出现，并搭载先进的人工智能算法，便于目标检测和图像处理。视觉传感器涉及多种技术，包括图像处理、机械工程技术、控制、电光源照明、光学成像、传感器、模拟与数字视频技术、计算机软硬件技术等。

2. 视觉传感器的分类

根据镜头和布置方式的不同视觉传感器分为单目视觉传感器（图 5-1）、多目视觉传感器和环视视觉传感器。此外，红外夜视系统也属于视觉传感器一个独特的分支，图像处理算法在处理远红外夜视图像时中依然能够发挥作用。视觉传感器按照芯片类型不同主要分为 CCD 和 CMOS 两大类。

（1）单目视觉传感器 单目视觉传感器模块只包含一个摄像机和一个镜头。由于很多图像算法的研究都是基于单目视觉传感器开发的，因此相对于其他类别的视觉传感器，单目视觉传感器的算法成熟度更高。具有 ADAS 功能的汽车单目视觉传感器如图 5-2 所示。

图 5-1 汽车单目视觉传感器

图 5-2 具有 ADAS 功能的汽车单目视觉传感器

单目视觉传感器有两个先天的缺陷：一是它的视野完全取决于镜头，焦距短的镜头，视野广，但缺失远处的信息，焦距长的镜头反之；二是单目测距的精度较低，摄像机的成像图是透视图，即越远的物体成像越小，近处的物体，需要用几百甚至上千个像素点描述，而处于远处的同一物体，可能只需要几个像素点即可描述出来。这种特性会导致越远的地方，一个像素点代表的距离越大。因此，对于单目视觉传感器来说，物体越远，测距的精度越低。

（2）多目视觉传感器 采用 2 个及以上摄像机和镜头的视觉传感器称为多目视觉传感器。例如双目视觉传感器（图 5-3），其相近的两个镜头拍摄物体时，会得到同一物体在视觉传感器的成像平面的像素偏移量。有了像素偏移量、相机焦距和两个镜头的实际距离这些信息，根据数学换算即可得到物体的距离。例如百度 APOLLO 2.0 无人驾驶汽车使用了 2 个同样规格的视觉传感器 LI-USB30-AR023ZWDR，但是镜头的焦距分别是 6mm 和 25mm，能分别进行近处和远处的红绿灯识别。

图 5-3 双目视觉传感器

与单目系统相比,双目系统的特点如下:一是成本比单目系统要高,但尚处于可接受范围内,并且与激光雷达等方案相比成本较低;二是没有识别率的限制,因为从原理上无须先进行识别再进行测算,而是对所有障碍物直接进行测量;三是精度比单目高,可直接利用视差计算距离。双目系统的一个难点在于计算量非常大,对计算单元的性能要求非常高。

图 5-4 为特斯拉 AutoPilot 2.0 三目视觉传感器,安装在风窗玻璃下方,分别为 25°视场、50°视场和 150°视场。其中,25°视场用于检测前车道线、交通灯,50°视场负责一般的道路状况监测,150°视场用于检测平行车道道路状况以及行人和非机动车行驶的状况。

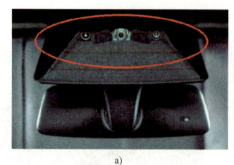
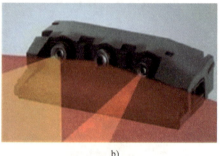

a) b)

图 5-4 特斯拉 AutoPilot 2.0 三目视觉传感器

(3) 环视视觉传感器 之前提到的三款视觉传感器所用的镜头都是非鱼眼的镜头,环视视觉传感器的镜头则是鱼眼镜头,而且安装位置是朝向地面的。某些高配车型上会有"360°全景显示"功能,所用到的就是环视视觉传感器。

鱼眼镜头采集图像如图 5-5 所示,安装于车辆前方、车辆左右后视镜下和车辆后方的 4 个鱼眼镜头采集到的图像与图 5-5 类似。鱼眼镜头有足够大的视野,但是图像的畸变严重。

图 5-5 鱼眼镜头采集图像

(4) 红外夜视系统 夜间可见光成像的信噪比较低,从而导致视觉传感器夜间成像效果不佳,而红外夜视系统可以弥补光照不足条件下的视觉传感器的缺点。红外夜视系统可分为主动夜视系统和被动夜视系统两种类型。

主动夜视系统是利用近红外光作光源照明目标，如红外 LED、红外灯和近红外激光器等，用低照度摄像机或微光摄像机接收目标反射的红外光，转换成视频信号在监视器荧光屏上同步显示的图像。

被动夜视系统所用的夜视仪有两种类型，一类是利用月光、星回光、夜天光等一切很微弱的自然光线，加以放大增强，达到可视的目的，这类夜视仪也称为微光夜视仪。另一类是利用远红外敏感的探测器探测目标本身的热辐射，这类夜视仪也称为热像仪。

红外夜视系统基于红外热成像原理，通过能够透过红外辐射的红外光学系统，将视场内景物的红外辐射聚焦到红外探测器上，红外探测器再将强弱不等的辐射信号转换成相应的电信号，然后经过放大和视频处理，形成可供人眼观察的视频图像。红外夜视系统检测效果图如图 5-6 所示，镜头中出现了多个行人，且都被标记了出来。

图 5-6　红外夜视系统检测效果图

二、视觉传感器工作原理

视觉传感器主要由镜头、影像传感器（主要是 CCD/CMOS 器件）、DSP 等组成。被摄物体经过镜头聚焦至电荷耦合器件（Charge Coupled Device，CCD），CCD 由多个纵横排列的像素点组成，每个像素点都由一个光电二极管及相关电路组成，光电二极管将光线转变成电荷，收集到的电荷总量与光线强度成比例，所积累的电荷在相关电路的控制下，逐点移出，经滤波、放大，再经过 DSP 处理后形成视频信号输出，通过 I/O 接口传输到计算机中进行处理后，再通过显示屏就可以看到图像了，视觉传感器工作原理如图 5-7 所示。

视觉传感器按一定的分辨率，以隔行扫描的方式采集图像上的点，当扫描到某点时，就通过图像传感芯片将该点处图像的灰度转换成与灰度一一对应的电压值，然后将此电压值通过视频信号端输出。

视觉传感器连续地扫描图像上的一行，则输出就是一段连续的电压信号，电压信号的高低起伏反映了该行图像的灰度变化。当扫描完一行，视频信号端就输出一个低于最低视频信号电压的电平（如 0.3V），并保持一段时间。这相当于，紧接着每行图像信号之后会有一个

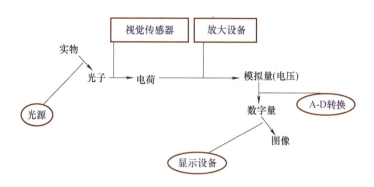

图 5-7 视觉传感器工作原理

电压"凹槽",此"凹槽"称为行同步脉冲,它是扫描换行的标志。视觉传感器跳过一行后(因为视觉传感器是隔行扫描的),开始扫描新的一行,如此下去,直到扫描完该场的视频信号,接着会出现一段场消隐区。该区中有若干个复合消隐脉冲,其中有个远宽于(即持续时间远长于)其他脉冲的消隐脉冲,称为场同步脉冲,它是扫描换场的标志。视觉传感器扫描方式如图 5-8 所示。

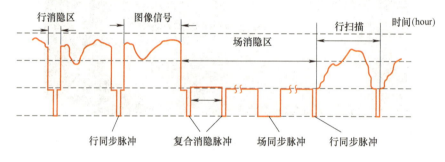

图 5-8 视觉传感器扫描方式

场同步脉冲标志着新的一场的到来,场消隐区恰好跨在上一场的结尾和下一场的开始部分,等场消隐区过去,下一场的视频信号才真正到来。视觉传感器每秒扫描 25 幅图像,每幅又分奇、偶两场,先奇场后偶场,故每秒扫描 50 场图像。奇场时只扫描图像中的奇数行,偶场时则只扫描偶数行。

视觉传感器有两个重要的指标:分辨率和有效像素。分辨率实际上就是每场行同步脉冲数,这是因为行同步脉冲数越多,则对每场图像扫描的行数也越多。事实上,分辨率反映的是视觉传感器的纵向分辨能力。有效像素常写成两数相乘的形式,如"320×240",其中前一个数值表示单行视频信号的精细程度,即行分辨能力;后一个数值为分辨率,因而有效像素 = 行分辨能力×分辨率。

三、视觉传感器的应用

视觉传感器主要应用于车道偏离预警、车道保持辅助、前向碰撞预警、行人碰撞预警、交通标志识别、盲区监测、夜视辅助、自动泊车辅助、全景泊车、驾驶员疲劳预警等,视觉传感器在各个场景下的应用如图 5-9 所示。

视觉传感器装调与检测　项目 5

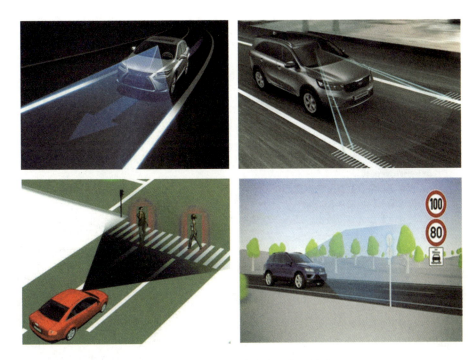

图 5-9　视觉传感器在各个场景下的应用

任务实施

任务步骤	任务要点	实施记录
任务准备	1. 更换实训服，摘掉首饰，长发挽起固定于脑后 2. 严禁非专业人员或无教师在场的情况下私自对部件进行操作 3. 总成拆装需要至少两人配合完成，不可一人单独作业	是否完成：是□　否□
工具准备	USB 摄像头、智能传感器装配调试台架、安装工具等	是否正常：是□　否□
制订计划	根据任务目标，制订任务实施计划	

序　号	作业项目	实施要点

131

（续）

任务步骤	任务要点	实施记录
检查实训平台并开启总电源	1. 检查实训平台是否平稳放置且脚轮锁紧 2. 检查漏电保护器是否正常 3. 检查电源插头是否破损，是否安全接地并处于干燥状态 4. 检查接入电源是否为220V 50Hz 交流电源 5. 开启实训平台总电源，检查电源指示灯是否亮	是否完成：是□ 否□ 是否完成：是□ 否□ 是否完成：是□ 否□ 是否完成：是□ 否□ 是否完成：是□ 否□
视觉传感器认知	1. 填写视觉传感器的定义 2. 填写视觉传感器的分类 3. 填写表格，分析视觉传感器在智能网联汽车上的具体应用	视觉传感器是指_____ 视觉传感器按照镜头和布置方式的不同可分为_____、_____、_____；按照芯片类型不同分为_____、_____ 视觉传感器在智能网联汽车上的具体应用见下表 {ADAS表格见下}

ADAS	摄像头位置	具体功能
车道偏离预警系统		
盲区监测系统		
自动泊车辅助系统		
全景泊车系统		
驾驶员疲劳预警系统		
行人碰撞预警系统		
车道保持辅助系统		
交通标志识别系统		
前向碰撞预警系统		

（续）

任务步骤	任务要点	实施记录
视觉传感器安装	1. 关闭实训平台总电源 2. 将新的摄像头安放在台架上 3. 调整单目摄像头安装位置到标记点 4. 安装并紧固单目摄像头 5. 连接单目摄像头 USB 插头 6. 检查视觉传感器功能是否完好，使用计算机打开，查看是否出现画面，若无，记录视觉传感器出现问题	是否完成：是□ 否□ 是否完成：是□ 否□ 是否完成：是□ 否□ 是否完成：是□ 否□ 是否完成：是□ 否□ 是否完好：是□ 否□ 记录视觉传感器故障问题：_____ _____ _____ _____
设备断电整理现场	将现场设备、工具等物品按 6S 标准清理归位	是否完成：是□ 否□
操作视频		

质量评价

任务总结	对视觉传感器认知与安装的小结： 工作实施情况反思：				
质量评价	评分项目	知识能力 （25分）	实践能力 （25分）	职业素养 （25分）	工作规范6S （25分）	总评
	自我评分					
	小组评分					
	教师评分					
	合计					

回顾思考

一、填空题

1. 视觉传感器能提供无人驾驶汽车_____和_____两个功能。
2. 视觉传感器又称车载相机，是将_____分布的光学图像转变成_____的传感器。
3. 视觉传感器按照芯片类型主要分为_____和_____两大类。
4. 环视视觉传感器采用_____镜头、安装位置朝向_____。
5. 视觉传感器的焦距越短，视野越____，越远的物体成像越____。

二、选择题

1. 美国特斯拉汽车公司在其无人驾驶技术方案中，坚决排斥（　　）技术。
   A. 超声波雷达　　　　　　B. 毫米波雷达
   C. 激光雷达　　　　　　　D. 视觉传感器
2. 多目视觉传感器拥有（　　）视觉传感器。
   A. 2个　　　　　　　　　　B. 3个
   C. 2个及以上　　　　　　　D. 3个及以上
3. 对于双目视觉传感器，要根据数学换算得到物体的距离，不需要的信息是（　　）。
   A. 像素　　　　　　　　　B. 像素偏移量
   C. 相机焦距　　　　　　　D. 两个镜头的实际距离
4. 百度APOLLO 2.0无人驾驶汽车使用的2个视觉传感器镜头的焦距分别是（　　）。
   A. 6mm，6mm　　　　　　B. 6mm，15mm
   C. 6mm，25mm　　　　　　D. 25mm，25mm
5. 特斯拉AutoPolit2.0使用的三目视觉传感器的三个视觉传感器能感知到的最远距离

视觉传感器装调与检测　　项目 5

分别是（　　）。
A. 60m，120m，250m　　　　B. 60m，150m，250m
C. 80m，120m，250m　　　　D. 80m，150m，250m
6. 以下能够实现360°全景显示功能的传感器是（　　）。
A. 单目视觉传感器　　　　　B. 多目视觉传感器
C. 环视视觉传感器　　　　　D. 毫米波雷达
7. 环视视觉传感器使用了（　　）个鱼眼镜头。
A. 2　　　　　　　　　　　　B. 4
C. 6　　　　　　　　　　　　D. 8
8. 双目视觉传感器通过（　　）判断距离。
A. 两个视觉传感器焦距差异　　B. 两个视觉传感器像素差异
C. 两个视觉传感器图像差异　　D. 两个视觉传感器芯片差异

三、判断题
1. 视觉传感器定位功能基于视觉 SLAM 技术，实时获取当前汽车的位置。（　　）
2. 视觉传感器的感知功能主要有障碍物识别、交通标志识别、可通行空间识别、交通信号灯识别。（　　）
3. 视觉传感器具有受天气状态、光线明暗和拍摄物体形状影响较大的缺点。（　　）
4. 由于单目视觉传感器的算法还不成熟，所以存在两个致命的缺陷。（　　）
5. 单目视觉传感器可以判断所有物体的大小、远近关系。（　　）
6. 多目视觉传感器使用的多个镜头的焦距可以不同，用来增加视野与距离，提高测距精度。（　　）
7. 根据双目测距原理，对两个镜头的安装位置要求不高，所以双目视觉传感器的标定比单目视觉传感器的标定更简单。（　　）
8. 由于鱼眼镜头图像的畸变较大，至今仍不可以用于 SLAM 定位。（　　）

四、简答题
1. 请说明单目视觉传感器的缺陷。
2. 请对比单目和双目视觉传感器的测距差异，说明双目视觉传感器测距的原理和优缺点。

任务 2　视觉传感器故障检测

任务目标

1. 了解视觉传感器系统的常见故障类型。
2. 能够根据故障现象，结合工作原理进行相关电路分析。
3. 掌握视觉传感器常见故障的检测方法。
4. 能够维修视觉传感器的常见故障。

> 知识准备

1. 视觉传感器常见故障类型

智能传感器装配调试台架视觉传感器常见的故障类型主要有相关电路故障、部件故障、通信故障、软件故障和安装故障等。

2. 常见故障

智能传感器装配调试台架视觉传感器的常见故障：

1）打开智能传感器装配调试台架电源开关，视觉传感器不工作，无图像显示。

分析检修：此故障表明视觉传感器系统不能进入工作状态，先检查插头是否有松动或者没有插好，再检查电源供电、视觉传感器系统相关连接电路，最后考虑视觉传感器自身和系统问题。

2）打开智能传感器装配调试台架电源开关，车载相机能工作，但图像显示不正常（画面抖动、画面模糊、画面倾斜等）。

分析检修：此故障表明视觉传感器系统能进入工作状态，可能原因一般为安装问题、校正问题或摄像头自身问题，一般采用先进行安装校正、软件系统测试，后进行部件替换的方法确定故障原因。

3）打开智能传感器装配调试台架电源开关，视觉传感器能工作，但图像显示图像暗或白屏。

分析检修：此故障表明视觉传感器系统能进入工作状态，可能原因一般为电源供电的功率偏小或接线接触不良，或者视觉传感器自身故障等，建议首先检查电源的功率、接线情况，检查电压是否低于正常工作电压，最后再考虑视觉传感器自身问题。

3. 故障案例

（1）故障现象 打开智能传感器装配调试台架电源开关，视觉传感器不工作，无图像显示。

（2）电路分析 智能传感器装配调试台架视觉传感器控制电路如图 5-10 所示，摄像头直

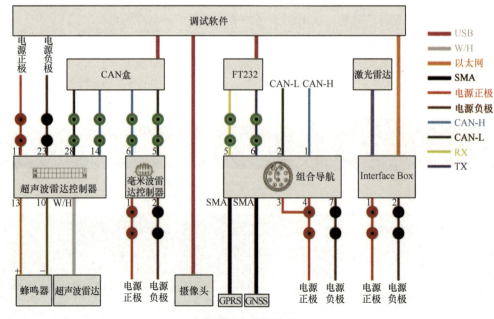

图 5-10 控制电路

接通过USB线与上位机测试系统连接，由上位机供电，并在上位机系统显示画面。

（3）原因分析　根据故障现象及控制电路分析故障可能原因：电源故障（台架供电异常、视觉传感器供电异常等）、插头松动或者没有插好等电路连接故障、视觉传感器自身故障以及相关系统软件故障等。

（4）制订故障诊断方案　要求每组同学根据电路原理分析讨论制订故障诊断方案，如图5-11所示，并进行上台分享展示，进一步优化诊断方案，教师进行全程巡视答疑解惑。

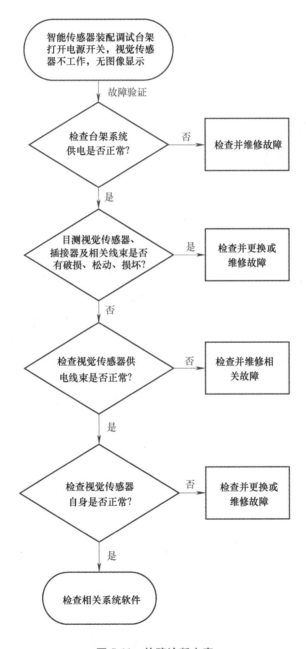

图5-11　故障诊断方案

任务实施

任 务 步 骤	任 务 要 点	实 施 记 录
任务准备	1. 更换实训服，摘掉首饰，长发挽起固定于脑后 2. 严禁非专业人员或无教师在场的情况下私自对部件进行操作 3. 总成拆装需要至少两人配合完成，不可一人单独作业	是否完成：是□ 否□
工具准备	安装工具，万用表，水平仪，示波器，拆装工具等	是否完成：是□ 否□
检查实训平台并开启总电源	 1. 检查实训平台是否平稳放置且脚轮锁紧 2. 检查漏电保护器是否正常 3. 检查电源插头是否无破损，是否安全接地并处于干燥状态 4. 检查接入电源是否为 220V 50Hz 交流电源 5. 开启实训平台总电源，检查电源指示灯是否亮	是否完成：是□ 否□ 是否完成：是□ 否□ 是否完成：是□ 否□ 是否完成：是□ 否□ 是否完成：是□ 否□
故障现象	准备工作完成后，台架上电，打开系统，检查视觉传感器是否能正常工作，并记录故障现象	故障现象：
原理分析	查找电路，分析控制原理	原理分析：
故障原因分析	分析故障原因	

(续)

任务步骤	任务要点	实施记录
制订诊断方案	制订故障诊断方案	诊断方案：_____ _____ _____ _____ _____ _____
诊断测量过程	台架测量，查找故障	记录诊断结果：_____ _____ _____ _____ 故障位置：_____
设备断电整理现场	将现场设备、工具等物品按 6S 标准清理归位	是否完成：是□ 否□
操作视频		

★ 质量评价

任务总结	对视觉传感器故障检测的小结： 工作实施情况反思：					
质量评价	评分项目	知识能力 （25分）	实践能力 （25分）	职业素养 （25分）	工作规范 6S （25分）	总评
	自我评分					
	小组评分					
	教师评分					
	合计					

回顾思考

一、填空题

1. 打开智能传感器装配调试台架电源开关,视觉传感器能工作,但图像显示不正常一般表现为_____、_____、_____、_____。

2. 智能传感器装配调试台架视觉传感器常见的故障类型主要有_____、_____、_____、_____、_____等。

二、判断题

1. 视觉传感器系统进入工作状态,出现画面抖动现象一般为安装问题、校正问题或摄像头自身问题。（   ）
2. 视觉传感器通过 CAN 总线和上位机进行通信。（   ）
3. 在汽车上视觉传感器更换后,需要进行校正。（   ）
4. 视觉传感器系统供电电压偏低,会造成视觉传感器画面偏暗等故障。（   ）
5. 打开智能传感器装配调试台架电源开关,启动视觉传感器系统出现黑屏现象,先考虑视觉传感器自身损坏。（   ）

任务 3　视觉传感器标定

任务目标

1. 理解数字图像处理技术的原理。
2. 了解图像边缘检测、Canny 边缘检测原理。
3. 掌握视觉传感器的标定方法和流程。

知识准备

在图像测量过程以及机器视觉应用中,为确定空间物体表面某点的三维几何位置与其在图像中对应点之间的相互关系,必须建立相机成像的几何模型,这些几何模型参数就是相机参数,通常这些参数是要通过实验与计算来得到的。这个求解参数的过程就称为视觉传感器标定。

一、数字图像处理

像素是构成数字图像的最小单位,是一个有明确的位置和单一色彩数值的小方块,这些方块的组合构成了图像所呈现出来的样子。不同像素的图像如图 5-12 所示。图像分辨率是单位英寸（1in＝2.54cm）中所包含的像素点数,例如大多数网页制作常用图片分辨率为 72,即每英寸像素为 72,那么通过换算可以得出每厘米约有 28 个像素。

图 5-12 不同像素的图像
a) 像素为 320×240 的图像　b) 像素为 80×60 的图像

灰度是图像色彩亮度的深浅。图像所能够展现的灰度级越多，也就意味着图像可以表现更强的色彩层次。如果把黑-灰-白连续变化的灰度值量化为 2^8 个灰度级，则灰度值的范围为 0~255，表示亮度从深到浅，对应图像中的颜色为从黑到白。如果表示彩色，通常以红绿蓝的 RGB 强度来表示，一个像素所能达到的不同颜色取决于比特每像素（BPP）。8BPP（$2^8=256$）称为原彩色，16BPP 称为高彩色，24BPP 称为真彩色。

数字图像处理就是将图像转换成一个数据矩阵存放在存储器中，然后再利用计算机或其他大规模集成数字器件对数据矩阵信息进行数字处理，以达到所预期的效果。黑白图像、灰度图像和彩色图像的矩阵表示分别如图 5-13~图 5-15 所示。

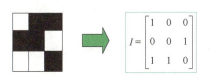

图 5-13　黑白图像的矩阵表示

图 5-14　灰度图像的矩阵表示

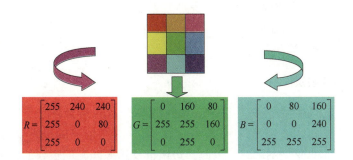

图 5-15　彩色图像的矩阵表示

具有一定联系的、具有时间先后关系的图像称为序列图像。我们经常看到的电视剧或电影图像主要是由序列图像构成的。序列图像是数字多媒体的重要组成部分。序列图像是单幅数字图像在时间轴上的扩展，可以将视频的每一帧视为一幅静止的图像。数字图像的矩阵表示如图 5-16 所示。

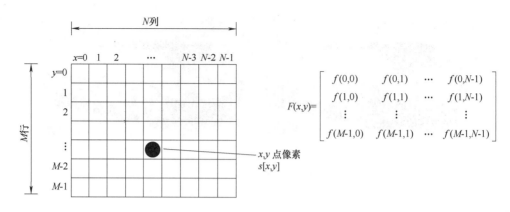

图 5-16 数字图像的矩阵表示

数字图像处理层次为图像处理—图像分析—图像理解，如图 5-17 所示。

图像处理，指对图像进行各种加工以改善图像的视觉效果或突出有用信息，并为自动识别打基础；或通过编码以减少对其所需存储空间、传输时间或传输带宽的要求。图像处理的特点：输入是图像，输出也是图像，即图像之间进行的变换。

图像分析，指对图像中感兴趣的目标进行检测（或分割）和测量，以获得它们的客观信息，从而建立对图像中目标的描述，是一个从图像到数值或符号的过程。图像分析的特点：输入是图像，输出是数据。

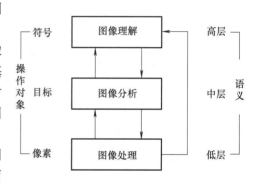

图 5-17 数字图像处理的三层次

图像理解，在图像分析的基础上，进一步研究图像中各目标的性质和它们之间相互的联系，并得出对图像内容含义的理解（对象识别）及对原来客观场景的解释（计算机视觉），从而指导和规划行动。图像理解的特点：以客观世界为中心，借助知识、经验等来把握整个客观世界，"输入是数据，输出是理解"。

二、图像的边缘检测

图像的边缘是指其周围像素灰度急剧变化的那些像素的集合，它是图像最基本的特征。边缘存在于目标、背景和区域之间，所以，它是图像分割所依赖的最重要的依据。由于边缘是位置的标志，对灰度的变化不敏感，因此，边缘也是图像匹配的重要的特征。

边缘检测基本思想是先检测图像中的边缘点，再按照某种策略将边缘点连接成轮廓，从而构成分割区域。由于边缘是所要提取目标和背景的分界线，提取出边缘才能将目标和背景区分开，因此边缘检测对于数字图像处理十分重要。道路边缘检测示例如图 5-18 所示。

边缘大致可以分为两种：一种是阶跃状边缘，边缘两边像素的灰度值明显不同；另一种为屋顶状边缘，边缘处于灰度值由小到大再到小变化的转折点处。图 5-19 中，第 1 行是一些具有边缘的图像示例，第 2 行是沿图像水平方向的 1 个剖面图，第 3 和第 4 行分别为剖面的一

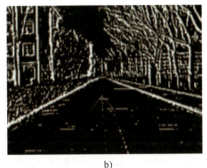

a) 　　　　　　　　　　　　b)

图 5-18　道路边缘检测示例

阶和二阶导数。第 1 列和第 2 列是阶梯状边缘，第 3 列是脉冲状边缘，第 4 列是屋顶状边缘。实现图像的边缘检测，就是要用离散化梯度逼近函数根据二维灰度矩阵梯度向量来寻找图像灰度矩阵的灰度跃变位置，然后在图像中将这些位置的点连起来构成图像边缘（图像边缘在这里是一个统称，包括了二维图像上的边缘、角点、纹理等基元图）。

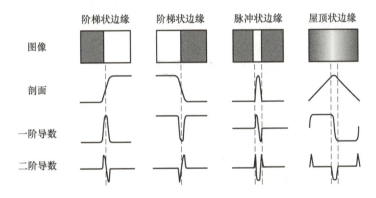

图 5-19　图像边缘

三、Canny 边缘检测原理

Canny 边缘检测原理是对原始图像进行灰度化，Canny 算法通常处理的图像为灰度图，因此如果摄像机获取的是彩色图像，那首先就得进行灰度化。对一幅彩色图进行灰度化，就是根据图像各个通道的采样值进行加权平均。以 RGB 格式的彩图为例，通常灰度化采用的方法主要有：方法 1，Gray=(R+G+B)/3；方法 2，Gray=0.299R+0.587G+0.114B。

对图像进行高斯滤波：根据待滤波的像素点及其邻域点的灰度值按照一定的参数规则进行加权平均。这样可以有效滤去理想图像中叠加的高频噪声。

用一阶偏导的有限差分来计算梯度的幅值和方向：关于图像灰度值的梯度可使用一阶有限差分来进行近似，这样就可以得到图像在 x 和 y 方向上偏导数的两个矩阵。常用的梯度算子有如下几种：①Roberts 算子；②Prewitt 算子；③Canny 算法；④Sobel 算子。公式如下：

$$S_x = \begin{bmatrix} -1 & 0 & 1 \\ -2 & 0 & 2 \\ -1 & 0 & 1 \end{bmatrix} \tag{5-1}$$

$$S_y = \begin{bmatrix} 1 & 2 & 1 \\ 0 & 0 & 0 \\ -1 & -2 & -1 \end{bmatrix} \quad (5-2)$$

$$K = \begin{bmatrix} a_0 & a_1 & a_2 \\ a_7 & [i,j] & a_3 \\ a_6 & a_5 & a_4 \end{bmatrix} \quad (5-3)$$

式（5-1）、式（5-2）、式（5-3）分别为该算子的 x 向卷积模板、y 向卷积模板以及待处理点的领域点标记矩阵，据此可用数学公式表达其每个点的梯度幅值为

$$G[i,j] = \sqrt{S_x^2 + S_y^2} \quad (5-4)$$

$$S_x = (a_2 + 2a_3 + a_4) - (a_0 + 2a_7 + a_6) \quad (5-5)$$

$$S_y = (a_0 + 2a_1 + a_2) - (a_6 + 2a_5 + a_4) \quad (5-6)$$

对梯度幅值进行非极大值抑制：图像梯度幅值矩阵中的元素值越大，说明图像中该点的梯度值越大，但这不能说明该点就是边缘（这仅仅是属于图像增强的过程）。在 Canny 算法中，非极大值抑制是进行边缘检测的重要步骤，通俗意义上是指寻找像素点局部最大值，将非极大值点所对应的灰度值置为 0。如图 5-20 所示。

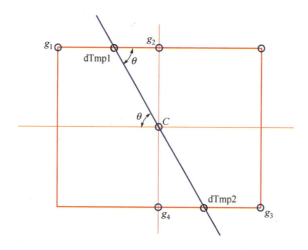

图 5-20　对梯度幅值进行非极大值抑制

要进行非极大值抑制，就首先要确定像素点 C 的灰度值在其 8 值邻域内是否为最大。蓝色的线条方向为 C 点的梯度方向，这样就可以确定其局部的最大值肯定分布在这条线上，也即除了 C 点外，梯度方向的交点 dTmp1 和 dTmp2 这两个点的值也可能会是局部最大值。因此，判断 C 点灰度与这两个点灰度大小即可判断 C 点是否为其邻域内的局部最大灰度点。如果经过判断，C 点灰度值小于这两个点中的任意一个，那就说明 C 点不是局部极大值，那么则可以排除 C 点为边缘。这就是非极大值抑制的工作原理。

但实际上，我们只能得到 C 点邻域的 8 个点的值，而 dTmp1 和 dTmp2 并不在其中，要得到这两个值就需要对这两个点两端的已知灰度进行线性插值，也即根据图 5-20 中的 g_1 和 g_2 对 dTmp1 进行插值，根据 g_3 和 g_4 对 dTmp2 进行插值，这要用到其梯度方向（dTmp1 = g_1 × 1/tanθ + g_2 × (1 − 1/tanθ)。

完成非极大值抑制后，会得到一个二值图像，非边缘的点灰度值均为 0（黑），可能为边缘的局部灰度极大值点可设置其灰度为 128。但这样一个检测结果还是包含了很多由噪声及其他原因造成的假边缘。因此还需要进一步的处理。

用双阈值算法检测和连接边缘：Canny 算法中减少假边缘数量的方法是采用双阈值法。选择两个阈值（高阈值选取全局灰度值分布的 70%，低阈值选取高阈值的一半），根据高阈值得到一个边缘图像，这样一个图像含有很少的假边缘，但是由于阈值较高，产生的图像边缘可能不闭合，为解决这样一个问题采用了另外一个低阈值，在高阈值图像中把边缘连接成轮廓。当到达轮廓的端点时，该算法会在断点的 8 邻域点中寻找满足低阈值的点，再根据此点收集新的边缘，直到整个图像边缘闭合。

四、视觉传感器标定

视觉传感器标定包括内参和外参标定（图 5-21），其中内参标定主要是标定像素、焦距、图像原点、是否畸变等，内参通常在传感器生产过程中固定。我们指的视觉传感器标定通常是外参标定，主要包括距离、角度等外部参数的标定，即确定视觉传感器坐标系相对于世界坐标系的旋转矩阵 R 和平移向量 T 等参数。

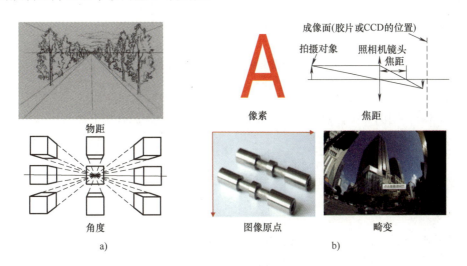

图 5-21　视觉传感器标定内容
a）外参标定　b）内参标定

在图像测量过程以及机器视觉应用中，为确定空间物体表面某点的三维几何位置与其在图像中对应点之间的相互关系，必须建立视觉传感器成像的几何模型，这些几何模型参数就是视觉传感器参数，求解过程就是视觉传感器标定。无论是在图像测量还是机器视觉应用中，视觉传感器参数的标定都是非常关键的环节，其标定结果的精度及算法的稳定性直接影响视觉传感器工作结果的准确性。视觉传感器标定的坐标系转换如图 5-22 所示。

视觉传感器采集图像后以标准电视信号的形式输入计算机，在计算机中以 $M×N$ 矩阵（M 行 N 列的图像中的每一个像素的数值被称为图像点的灰度）保存。在图像上定义图像像素直角坐标系（O_t，u，v），每一个像素的坐标（u，v）分别表示该像素在数组中的

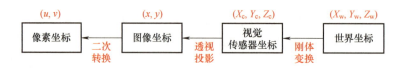

图 5-22 视觉传感器标定的坐标系转换

列数与行数。

由于像素直角坐标系中 (u, v) 只表示像素位于数组中的列数与行数,并没有物理单位表示出该像素在图像中的位置,因此需要建立以物理单位表示的图像物理坐标系 (O_1, X, Y)。像素坐标系与物理坐标系的转换如图 5-23 所示。

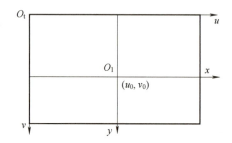

图 5-23 像素坐标系与物理坐标系的转换

若 O_1 在 (u, v) 坐标系中的坐标为 (u_0, v_0),每一个像素在 x 轴与 y 轴方向上的物理尺寸为 $(\mathrm{d}x$ 和 $\mathrm{d}y)$,则图像中任意一个像素在两个坐标系下的坐标有如下关系:

$$\begin{bmatrix} u \\ v \\ 1 \end{bmatrix} = \begin{bmatrix} \dfrac{1}{\mathrm{d}x} & 0 & u_0 \\ 0 & \dfrac{1}{\mathrm{d}y} & v_0 \\ 0 & 0 & 1 \end{bmatrix} \begin{bmatrix} x \\ y \\ 1 \end{bmatrix} \tag{5-7}$$

视觉传感器坐标系是由点 O_c 与 X_c 轴、Y_c 轴和 Z_c 轴组成的直角坐标系(O_c 点称为视觉传感器的光学中心,简称光心),X_c、Y_c 分别和 X 轴、Y 轴平行,Z_c 轴为视觉传感器的光轴,它与图像平面垂直,光轴与图像平面的交点,即为图像坐标系的原点,O_cO_1 为视觉传感器焦距。世界坐标系 (O_w, X_w, Y_w, Z_w) 是一个基准坐标系,用于描述视觉传感器放置在拍摄环境中的位置和被拍摄物体的位置。

图 5-24 所示的传感器坐标系与世界坐标系可表达为

$$Z_c \begin{bmatrix} x \\ y \\ 1 \end{bmatrix} = \begin{bmatrix} f & 0 & 0 & 0 \\ 0 & f & 0 & 0 \\ 0 & 0 & 1 & 0 \end{bmatrix} \begin{bmatrix} X_c \\ Y_c \\ Z_c \\ 1 \end{bmatrix} \tag{5-8}$$

视觉传感器坐标系向世界坐标系的变换,包括 X 轴、Y 轴和 Z 轴的旋转以及坐标平移,齐次坐标系变换矩阵为

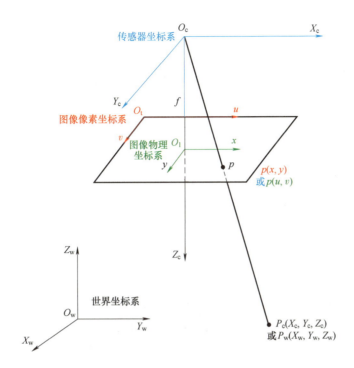

图 5-24 传感器坐标系与世界坐标系

$$\begin{bmatrix} X_c \\ Y_c \\ Z_c \\ 1 \end{bmatrix} = \begin{bmatrix} R & t \\ O^T & 1 \end{bmatrix} \begin{bmatrix} X_w \\ Y_w \\ Z_w \\ 1 \end{bmatrix} = M_1 \begin{bmatrix} X_w \\ Y_w \\ Z_w \\ 1 \end{bmatrix} \quad (5-9)$$

其中，$R = \begin{bmatrix} r_1 & r_2 & r_3 \\ r_4 & r_5 & r_6 \\ r_7 & r_8 & r_9 \end{bmatrix}$，$O = (0,0,0)^T$，$t = \begin{bmatrix} T_x \\ T_y \\ T_z \end{bmatrix}$，$R$ 中各个参数 r_1，…，r_9 可由旋转变换矩阵得到。

单目视觉传感器的标定是求解传感器坐标系相对于世界坐标系的旋转矩阵 R 和平移向量 T 等参数。多目视觉传感器的标定，例如双目视觉传感器的标定相比单目视觉传感器的标定就要复杂得多。双目视觉传感器标定的第一步需要分别获取左右镜头的内外参数，然后通过立体标定对左右两幅图像进行立体校准和对齐，然后确定两个镜头的相对位置关系，即中心距，最后确保左右两个镜头的成像定位到同一个点上。

五、视觉传感器标定方法

视觉传感器标定方法有：传统视觉传感器标定法、视觉传感器自标定法、主动视觉传感器标定法、零失真视觉传感器标定法。

1. 传统视觉传感器标定法

传统视觉传感器标定法需要使用尺寸已知的标定物，通过建立标定物上坐标已知的点与其图像点之间的对应，利用一定的算法获得视觉传感器模型的内外参数。根据标定物的不同可分为三维标定物和平面型标定物。三维标定物可由单幅图像进行标定，标定精度较高，但高精密三维标定物的加工和维护较困难。平面型标定物比三维标定物制作简单，精度易保证，但标定时必须采用两幅或两幅以上的图像。传统视觉传感器标定法在标定过程中始终需要标定物，且标定物的制作精度会影响标定结果。同时有些场合不适合放置标定物，这也限制了传统视觉传感器标定法的应用。

2. 视觉传感器自标定法

目前出现的自标定算法中主要是利用视觉传感器运动的约束。视觉传感器的运动约束条件太强，因此使得其在实际中并不实用。利用场景约束主要是利用场景中的一些平行或者正交的信息。其中空间平行线在视觉传感器图像平面上的交点被称为消失点，它是射影几何中一个非常重要的特征，所以很多学者研究了基于消失点的视觉传感器自标定方法。自标定方法灵活性强，可对视觉传感器进行在线定标。但由于它是基于绝对二次曲线或曲面的方法，其算法鲁棒性差。

3. 主动视觉传感器标定

主动视觉传感器标定法是指已知视觉传感器的某些运动信息对视觉传感器进行标定。该方法不需要标定物，但需要控制视觉传感器做某些特殊运动，利用这种运动的特殊性可以计算出视觉传感器内部参数。基于主动视觉的视觉传感器标定法的优点是算法简单，往往能够获得线性解，故鲁棒性较高，缺点是系统的成本高、实验设备昂贵、实验条件要求高，而且不适用于运动参数未知或无法控制的场合。

任务实施

任务步骤	任务要点	实施记录
任务准备	1. 更换实训服，摘掉首饰，长发挽起固定于脑后 2. 严禁非专业人员或无教师在场的情况下私自对部件进行操作 3. 总成拆装需要至少两人配合完成，不可一人单独作业	是否完成：是□ 否□
工具准备	带有 Linux 系统的计算机、camera_calibration 功能包、标定板、USB 摄像头等	是否正常：是□ 否□
制订计划	根据任务目标，制订任务实施计划	

序 号	作业项目	实施要点

项目5 视觉传感器装调与检测

（续）

任务步骤	任务要点	实施记录
检查实训平台并开启总电源	1. 检查实训平台是否平稳放置且脚轮锁紧 2. 检查漏电保护器是否正常 3. 检查电源插头是否破损，是否安全接地并处于干燥状态 4. 检查接入电源是否为 220V 50Hz 交流电源 5. 开启实训平台总电源，检查电源指示灯是否亮	是否完成：是□ 否□ 是否完成：是□ 否□ 是否完成：是□ 否□ 是否完成：是□ 否□ 是否完成：是□ 否□
视觉传感器标定	1. 视觉传感器标定的方法 2. 视觉传感器标定流程 1）安装 camera_calibration 功能包 2）制作标准棋盘标定板 3）启动 USB 摄像头，输入命令：roslaunch usb_cam usb_cam-test.launch 4）启动标定程序，输入标定命令：rosrun camera_calibration cameracalibrator.py --size 11x8 --square 0.030 5）将标定板放置在摄像头视野范围内（X：标定板左右移动；Y：标定板上下移动；size：标定板前后移动；skew：标定板在倾斜转动） 6）当"calibrate"按钮激活时，单击按钮等待系统提示 7）保存标定数据，输入命令：sudo mv /tmp/calibrationdata.tar.gz ~/Desktop/	视觉传感器标定的方法 _____、_____、_____、_____。 是否完成：是□ 否□ 是否完成：是□ 否□ 记录数据_____
设备断电整理现场	将现场设备、工具等物品按 6S 标准清理归位	是否完成：是□ 否□
操作视频		

质量评价

任务总结	对视觉传感器标定的小结：					
	工作实施情况反思：					
质量评价	评分项目	知识能力（25分）	实践能力（25分）	职业素养（25分）	工作规范6S（25分）	总评
	自我评分					
	小组评分					
	教师评分					
	合计					

回顾思考

一、填空题

1. 外参标定的参数主要包括_____、_____等。

2. 在图像测量过程以及机器视觉应用中，为确定空间物体表面某点的_____与其在图像中对应点之间的相互关系，必须建立视觉传感器_____的几何模型，这些几何模型参数就是视觉传感器参数，_____过程就是视觉传感器标定。

3. 标定结果的_____及算法的_____直接影响视觉传感器工作结果的准确性。

4. 视觉传感器采集图像后以_____的形式输入计算机。

5. 如题图5-1所示，O_c点称为视觉传感器的_____，X_c、Y_c分别和X轴、Y轴平行，Z_c轴为视觉传感器的_____。

二、选择题

1. 在计算机中以$M×N$矩阵保存，其中M行N列的图像中的每一个像素的数值被称为（　　）。
   A. 图像点的焦距　　　　　　B. 图像点的像素
   C. 图像点的灰度　　　　　　D. 图像点的分辨率

2. 如题图5-1所示，图像坐标系的原点为_____，视觉传感器的焦距为_____。（　　）

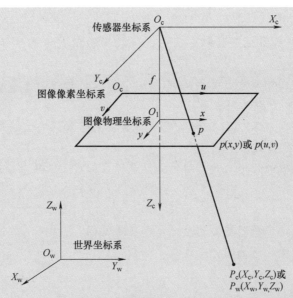

题图 5-1

A. O_c,O_cO_1 B. O_1,O_cO_1
C. O_c,O_cO_p D. O_1,O_cO_p

3. 双目视觉传感器标定的第一步需要分别获取左右传感器的（　　）。

A. 像素 B. 焦距
C. 分辨率 D. 内外参数

4. 如题图 5-1 所示的传感器坐标系与世界坐标系可表达为（　　）。

A. $Z_c \begin{bmatrix} x \\ y \\ 1 \end{bmatrix} = \begin{bmatrix} f & 0 & 0 & 0 \\ 0 & f & 0 & 0 \\ 0 & 0 & 1 & 1 \end{bmatrix} \begin{bmatrix} X_c \\ Y_c \\ Z_c \\ 1 \end{bmatrix}$

B. $Z_c \begin{bmatrix} x \\ y \\ 1 \end{bmatrix} = \begin{bmatrix} f & 0 & 0 & 0 \\ 0 & 1 & 0 & 0 \\ 0 & 0 & 1 & 1 \end{bmatrix} \begin{bmatrix} X_c \\ Y_c \\ Z_c \\ 1 \end{bmatrix}$

C. $Z_c \begin{bmatrix} x \\ y \\ 1 \end{bmatrix} = \begin{bmatrix} 1 & 0 & 0 & 0 \\ 0 & f & 0 & 0 \\ 0 & 0 & 1 & 1 \end{bmatrix} \begin{bmatrix} X_c \\ Y_c \\ Z_c \\ 1 \end{bmatrix}$

D. $Z_c \begin{bmatrix} x \\ y \\ 1 \end{bmatrix} = \begin{bmatrix} f & 0 & 0 & 0 \\ 0 & 1 & 0 & 0 \\ 0 & 0 & f & 1 \end{bmatrix} \begin{bmatrix} X_c \\ Y_c \\ Z_c \\ 1 \end{bmatrix}$

三、判断题

1. 外参通常在传感器生产过程中固定，一般指的视觉传感器标定通常是内参标定。（   ）

2. 在图像上定义图像像素直角坐标系 (O_1, u, v)，每一个像素的坐标 (u, v) 分别表示该像素在数组中的行数与列数。（   ）

3. 世界坐标系 (O_w, X_w, Y_w, Z_w) 是一个基准坐标系，用于描述视觉传感器放置在拍摄环境中的位置和被拍摄物体的位置。（   ）

4. 单目视觉传感器的标定就是求解传感器坐标系相对于世界坐标系的旋转矩阵和平移向量等参数的过程。（   ）

四、简答题

1. 请用图说明视觉传感器标定的坐标系转换的过程。

2. 请说明双目视觉传感器的标定过程。

项目 6

组合导航系统装调与检测

任务 1　组合导航系统认知与安装

任务目标

1. 了解全球导航卫星系统的分类、特点和组成。
2. 了解惯性导航系统的定义。
3. 了解高精度定位技术在智能网联汽车上的应用。

知识准备

无人驾驶汽车必须"精确地知道我在哪儿",即进行定位,给出汽车所在位置的相对或绝对坐标。导航是根据汽车定位和地图信息,给汽车规划行驶方向和路径。

汽车是交通的工具,人们一直试图使汽车具有导航能力。在数十年的汽车导航技术发展过程中,主要有自主导航、GPS 导航和混合导航 3 个方案,他们用到了各自不同的定位传感器。

例如自主导航是利用内置传感器确定车辆自身所处的相对位置和行驶方向,用数学分析的方法确定行车路径,并将该行车路径与内存电子地图上的道路进行比较,确定车辆在地图上所处的位置及到达目的地的方向和所余距离等。自主导航使用罗盘传感器或陀螺仪传感器,其中罗盘传感器是用霍尔效应和地球磁场来判断汽车行驶方向,陀螺仪传感器是利用汽车行驶的惯性,这两种传感器的累积误差都比较大。

全球定位系统(Global Positioning System,GPS)是一种以空中卫星为基础的高精度无线电导航的定位系统,它在全球任何地方以及近地空间都能够提供准确的地理位置、车行速度及精确的时间信息。但是隧道、涵洞、山区和城市大厦会遮挡 GPS 信号,造成某些汽车定位的盲区,所以不适合无人驾驶汽车。

无人驾驶汽车的定位与导航技术是混合导航,即综合 GPS 定位、惯性定位和高精地图等三大技术,在任何时间和区域都能精确定位汽车坐标,规划最优路径。

一、全球导航卫星系统的定义、分类及特点

1. 导航的定义

导航负责实时提供智能网联汽车的运动信息，包括位置、速度、姿态、加速度、角速度等，一般采用的是多传感器融合定位的方式，图 6-1 是常见的导航系统。智能网联汽车的导航定位通过全球定位系统（GPS）、北斗卫星导航系统（BDS）、惯性导航系统、视觉 SLAM、激光雷达 SLAM 等，获取车辆的位置和航向信息。

图 6-1 导航系统

2. 导航的分类

（1）绝对定位 绝对定位通过 GPS 或 BDS 实现，采用双天线，通过卫星获得车辆在地球上的绝对位置和航向信息。

（2）相对定位 相对定位根据车辆的初始位姿，通过惯性导航获得车辆的加速度和角加速度信息，将其对时间进行积分，得到相对初始位姿的当前位姿信息。

（3）组合定位 组合定位是将绝对定位和相对定位进行结合，以弥补单一定位方式的不足。

全球导航卫星系统（Global Navigation Satellite System，GNSS）是能够在地球表面或近地空间的任何地点为用户提供全天候的三维坐标和速度以及时间信息的空基无线电导航定位系统。当前，投入运作的 GNSS 主要包括美国的全球定位系统（GPS）、俄罗斯的格洛纳斯（GLONASS）卫星导航系统、欧洲的伽利略系统（GALILEO）和我国的北斗卫星导航系统（BDS），如图 6-2 所示。

| GPS | BDS | GLONASS | GALILEO |

图 6-2 常用的四大全球导航定位系统

1）GPS 是由美国国防部研制的全球首个定位导航服务系统，1990—1999 年为系统建成并进入完全运行阶段，1993 年实现 24 颗在轨卫星满星运行。其中，24 颗导航卫星平均分布在 6 个轨道面上，保证在地球的任何地方可同时见到 4~12 颗卫星，使地球上任何地点、任何时刻均可实现三维定位、测速和测时，它使用世界大地坐标系（WGS-84）。

2）GLONASS 由 27 颗工作卫星和 3 颗备用卫星组成，均匀地分布在 3 个近圆形的轨道平面上，这 3 个轨道平面两两相隔 120°，使用苏联地心坐标系（PZ-90）。

3）GALILEO 是欧盟于 2002 年批准建设的卫星定位系统，计划由分布在 3 个轨道平面上的 30 颗中等高度轨道卫星构成，每个轨道平面上有 10 颗卫星，9 颗正常工作，1 颗运行备用，轨

道平面倾角 56°，轨道高度为 24126km，其民用精度较高，使用世界大地坐标系（WGS-84）。

4）BDS 是由我国自主研发、独立运行的全球卫星定位与通信系统，空间段包括 55 颗轨道卫星，采用我国独立建设使用的 CGCS2000 坐标系。

3. 导航的特点

（1）GPS 定位的优点

1）全球全天候定位。GPS 卫星的数目较多，且分布均匀，保证了地球上任何地方任何时间至少可以同时观测到 4 颗 GPS 卫星，确保实现全球全天候连续的导航定位服务（除打雷闪电不宜观测外）。

2）定位精度高。GPS 相对定位精度在 50km 以内可达 10^{-6}m，100～500km 可达 10^{-7}m，1000km 可达 10^{-9}m。在 300～1500m 工程精密定位中，1h 以上观测时解的平面位置误差小于 1mm，与 ME-5000 电磁波测距仪测定的边长比较，其边长校差最大为 0.5mm，校差中误差为 0.3mm。

3）观测时间短。随着 GPS 的不断完善，20km 以内相对静态定位，仅需 15～20min；当每个流动站与基准站相距在 15km 以内时，流动站观测时间只需 1～2min；采取实时动态定位模式时，每站观测仅需几秒钟。

4）测站间无须通视。GPS 测量只要求测站上空开阔，不要求测站之间互相通视，因而不再需要建造觇标。

5）仪器操作简便。随着 GPS 接收机的不断改进，GPS 测量的自动化程度越来越高，有的已趋于"傻瓜化"。

6）可提供全球统一的三维地心坐标。GPS 水准可满足四等水准测量的精度，另外，GPS 定位是在全球统一的 WGS-84 坐标系统中计算的，因此全球不同地点的测量成果是相互关联的。

（2）GPS 定位的缺点

1）GPS 确定位置受气候、电离层、对流层、空气、电磁波等因素的影响，测量会存在偏差。

2）GPS 高程测量能够达到一定的精度，但用 GPS 施测的市政工程测量控制点，应进一步用常规仪器进行水准联测。

3）GPS 测量更适用于视野开阔、障碍物较少的新建区，例如野外勘探定位等。

4）GPS 测量成果与常规测量成果之间、不同型号测量成果之间存在的比较大差异。

5）需要发射和维护数十颗 GPS 卫星，代价高昂。

四大全球导航卫星系统的性能对比数据见表 6-1。

表 6-1　四大全球导航卫星系统的性能对比数据

名　　称	GPS	GLONASS	GALILEO	BDS
国家或地区	美国	俄罗斯	欧盟	中国
组网卫星数/个	24～30	30	30	55
轨道平面数	3	3	6	3
轨道高度/km	26560	25510	23222	21150
轨道倾角	55°	64.8°	56°	55°

(续)

名　　称	GPS	GLONASS	GALILEO	BDS
运行周期	11h58min	11h15min	13h	12h55min
测地坐标系	WGS-84	PZ-90	WGS-84	CGCS2000
使用频率/GHz	1.228 1.575	1.597~1.617 1.240~1.260	1.164~1.300 1.559~1.592	1.207~1.269 1.561~1.590

二、全球导航卫星系统组成

下面以 GPS 为例，介绍 GNSS 的组成，如图 6-3 所示，全球导航卫星系统主要由空间部分、地面监控部分和用户设备部分组成。

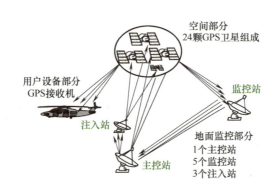

图 6-3　GNSS 的组成

1) 空间部分由 24 颗卫星组成，其中 21 颗为工作卫星，3 颗为备用卫星。24 颗卫星均匀分布在 6 个轨道平面上，即每个轨道平面上有 4 颗卫星，卫星轨道平面相对于地球赤道面的轨道倾角为 55°，各轨道平面的升交点的赤经相差 60°，1 个轨道平面上的卫星比西边相邻轨道平面上的相应卫星升交角距超前 30°。这种布局的目的是保证在全球任何地点、任何时刻至少可以观测到 4 颗卫星。而最少只需要其中 3 颗卫星，就能迅速确定用户端在地球上所处的位置及海拔，所能连接到的卫星数越多，解码出来的位置就越精确。

2) 地面监控部分主要由 1 个主控站、5 个监测站和 3 个注入站组成。主控站负责从各个监控站收集卫星数据，计算出卫星的星历和时钟修正参数等，并通过注入站注入卫星；并向卫星发布指令，控制卫星，当卫星出现故障时，调度备用卫星。监测站在主控站的直接控制下，自动对卫星进行持续不断的跟踪测量，并将自动采集的伪距观测量气象数据和时间标准等进行处理，然后存储并传送到主控站。注入站则负责将主控站计算的卫星星历、钟差信息、导航电文、控制指令发动给卫星。

3) 用户设备部分主要是 GPS 接收器、卫星天线及相关设备，主要作用是从 GPS 卫星接收信号并利用传来的信息计算用户地理位置的纬度、经度、高度、速度和时间等信息。车载、船载 GPS 导航仪，内置 GPS 功能的移动设备，GPS 测绘设备等都属于 GPS 用户设备。

三、惯性导航系统的定义

惯性导航系统（Inertial Navigation System，INS）简称惯导，是一种不依赖于外部信息，也不向外部辐射能量的自主式导航系统。惯性导航系统基于陀螺仪和加速度计的信号组合进行自主式导航，图 6-4 为惯性导航系统外观，陀螺仪测量物体三轴的角速率，用于计算载体姿态；加速度计测量物体三轴的线加速度，可用于计算载体速度和位置。

图 6-4　惯性导航系统外观

四、惯性导航系统在高精度地图的综合应用

根据前文的介绍可以看出，不同定位方式各有优劣，智能网联汽车在实际应用中，一般采用多传感器融合的定位方案，既做到优势互补，也提高了稳定性和定位精度。L4 无人驾驶汽车运营商常用的定位方案中多使用多线束的激光雷达和高精度的 GPS/IMU，虽然这些高精密的传感器能够提供丰富的信息，但成本十分高昂，并且也无法满足车规的要求。禾多科技研发了能量产的多传感器融合定位技术，采用了全车规级的低成本传感器，如 GNSS、相机、低成本车规级 IMU、轮速计等，以满足量产的需求。下面以百度 Apollo2.0 为例，介绍高精度定位在智能网联汽车上的应用。

Apollo2.0 的多传感器融合定位模块的框架如图 6-5 所示：左边列出了定位模块依赖的硬

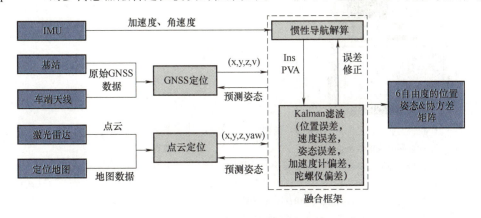

图 6-5　Apollo2.0 的多传感器融合定位模块的框架

件以及数据，包括IMU、车端天线、基站、激光雷达以及定位地图；中间是GNSS定位以及激光点云定位模块，GNSS定位输出位置及速度信息，点云定位输出位置及航向角信息；右边是融合框架，融合框架包括两部分：惯性导航解算、Kalman滤波；融合定位的结果会反过来用于GNSS定位和点云定位的预测；融合定位的输出是一个6自由度的位置和姿态，以及协方差矩阵。

任务实施

任务步骤	任务要点	实施记录
任务准备	1. 更换实训服，摘掉首饰，长发挽起固定于脑后 2. 严禁非专业人员或无教师在场的情况下私自对部件进行操作 3. 总成拆装需要至少两人配合完成，不可一人单独作业	是否完成：是☐ 否☐
工具准备	GNSS惯导、智能传感器装配调试台架、GNSS天线和4G天线、安装工具等	是否正常：是☐ 否☐
制订计划	根据任务目标，制订任务实施计划 | 序　号	作业项目	实施要点 | | --- | --- | --- | | | | | | | | | | | | | | | | |	
检查实训平台并开启总电源	1. 检查实训平台是否平稳放置且脚轮锁紧 2. 检查漏电保护器是否正常 3. 检查电源插头是否破损，是否安全接地并处于干燥状态 4. 检查接入电源是否为220V 50Hz交流电源 5. 开启实训平台总电源，检查电源指示灯是否亮	是否完成：是☐ 否☐ 是否完成：是☐ 否☐ 是否完成：是☐ 否☐ 是否完成：是☐ 否☐ 是否完成：是☐ 否☐

（续）

任务步骤	任务要点	实施记录
惯性导航认知	1. 填写导航的定义	导航负责实时提供智能网联汽车的运动信息，包括_____、_____、_____、_____、_____等，一般采用的是多传感器融合定位的方式
	2. 收集资料，填写常用的全球导航卫星系统	常用的全球导航卫星系统有_____、_____、_____、_____
	3. 分析全球导航卫星系统的组成	全球导航卫星系统主要由空间_____、_____和_____组成
组合导航系统安装	1. 关闭实训平台总电源 2. 将组合导航系统放在专用工位上 3. 用记号笔做好组合导航安装位置标记 4. 将组合导航系统放在台架上并安装紧固螺栓 5. 将 GNSS 定位天线和 4G 天线与组合导航连接到一起 6. 连接好线束插头 7. 检查组合导航系统安装是否成功，打开导航配套的专用软件 GUI 查看，若无数据，检查故障	是否完成：是□ 否□ 是否完成：是□ 否□ 是否完成：是□ 否□ 是否完成：是□ 否□ 是否完成：是□ 否□ 是否成功：是□ 否□ 记录组合导航故障问题：_____ _____
设备断电整理现场	将现场设备、工具等物品按 6S 标准清理归位	是否完成：是□ 否□
操作视频		

质量评价

任务总结	对组合导航系统认知与安装的小结： 工作实施情况反思：				
质量评价	评分项目	知识能力（25分）	实践能力（25分）	职业素养（25分）	工作规范6S（25分）	总评
	自我评分					
	小组评分					
	教师评分					
	合计					

回顾思考

一、填空题

1. 无人驾驶汽车的定位与导航技术是混合导航，即它综合了_____、_____和_____三大技术。

2. 自主导航是利用内置传感器确定车辆自身所处的_____和_____，用数学分析的方法确定行车路径。

3. 全球定位系统（Global Positioning System，GPS）是一种以空中卫星为基础的高精度无线电导航定位系统，它在全球任何地方以及近地空间都能够提供准确的_____、_____及精确的时间信息。

4. 全球导航卫星系统（GNSS）常见的有_____、GLONASS（俄罗斯）、Galileo（欧盟）和_____四大卫星导航系统。

5. GPS 是美国第二代卫星导航系统，于_____年全面建成。

二、选择题

1. GPS 的空间部分共使用（　　）颗卫星。
   A. 21　　　　　　　　　　B. 22
   C. 23　　　　　　　　　　D. 24

2. 中国的 BDS 设计了（　　）颗卫星。
   A. 21　　　　　　　　　　B. 24

C. 28　　　　　　　　　　D. 55
3. 以下不是GPS主要组成部分的是（　　）。
   A. 空间部分　　　　　　B. 地面监控部分
   C. 用户设备部分　　　　D. 卫星星座
4. 按功能分，以下不属于GPS地面监控部分的是（　　）。
   A. 接收站　　　　　　　B. 监测站
   C. 主控站　　　　　　　D. 注入站
5. 以下不属于GPS接收机组成部分的是（　　）。
   A. 接收天线　　　　　　B. 显示屏
   C. 主机　　　　　　　　D. 电源
6. 以下不属于GPS接收机用途的是（　　）。
   A. 导航型接收机　　　　B. 测地型接收机
   C. 授时型接收机　　　　D. 多通道接收机

三、判断题

1. GPS接收机是一种主动式无线电定位设备。（　　）
2. GPS卫星的分布使得在全球任何地方、任何时间都可观测到4颗以上的卫星。（　　）
3. 无人驾驶汽车必须要"精确地知道我在哪儿"，即进行准确定位，给出汽车所在位置的相对或绝对坐标。（　　）
4. 罗盘传感器是利用汽车行驶的惯性来判断汽车行驶方向的。（　　）
5. GPS的信号不受隧道、涵洞、山区和城市大厦的影响。（　　）
6. 目前全球四大卫星导航系统中使用最成熟的是中国的北斗卫星导航系统。（　　）
7. GPS中的每颗卫星都配备有多台原子钟，可为卫星提供高精度的时间标准。（　　）
8. GPS接收机天线由天线单元和前置放大器两部分组成。（　　）

四、简答题

1. 请分别说明GPS接收主机主要由哪几部分组成。
2. 请简述GPS卫星定位的优缺点。

任务2　组合导航系统故障检测

任务目标

1. 了解组合导航系统的常见故障类型。
2. 能够根据故障现象，结合工作原理进行相关电路分析。
3. 掌握组合导航系统常见故障的检测方法。
4. 能够维修组合导航系统的常见故障。

知识准备

1. 组合导航系统常见故障类型

智能传感器装配调试台架组合导航系统常见的故障类型主要有相关电路故障、部件故障、通信故障、软件故障和安装故障等。

2. 常见故障

智能传感器装配调试台架组合导航系统的常见故障：

1) 打开智能传感器装配调试台架电源开关，系统上电、组合导航系统不工作，上位机测试系统航向、速度、加速度、陀螺仪区无显示信息，谷歌地球区无地理位置显示。

分析检修：此故障表明组合导航系统不能进入工作状态，先检查插头是否有松动或者没有插好，再查看检查电源供电、组合导航系统相关连接电路，最后考虑组合导航系统自身问题。

2) 打开智能传感器装配调试台架电源开关，系统上电，组合导航系统工作，上位机测试系统左侧航向、速度、加速度、陀螺仪区显示相关数据，但右侧谷歌地球区无显示或者位置与实际位置不符。

分析检修：此故障表明组合导航模块进入工作状态，但地图无法显示或者显示位置与实际不符，一般是GNSS定位天线、GPRS天线自身故障或者与组合导航系统通信故障等，一般根据组合导航系统上指示灯情况，对相关模块、网络及连接进行排查，采用由简到繁的步骤先对电路通信排查，然后考虑天线部件。

3. 故障案例

（1）故障现象　打开智能传感器装配调试台架电源开关，组合导航系统工作，上位机测试系统左侧速度、加速度、陀螺仪区显示无相关数据，但右侧谷歌地球区地理位置显示装置的位置。

（2）电路分析　智能传感器装配调试台架组合导航系统控制电路如图6-6所示。组合导

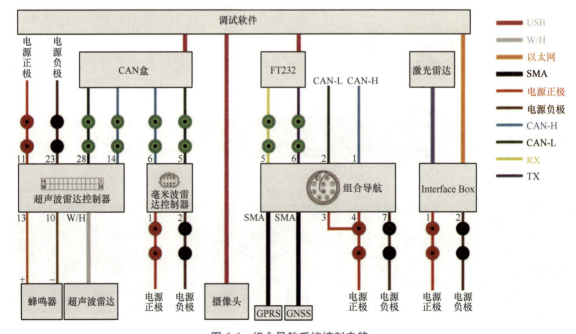

图6-6　组合导航系统控制电路

航系统通过SMA插头接收GNSS定位天线和GPRS天线的信号,然后通过FT232串口与上位机通信,在上位机上显示航向、速度、加速度、陀螺仪等数据,谷歌地球区显示具体地理位置(组合导航3号线、4号线为电源正极线,7号线为接地线,TX传送数据,RX接收数据)。

(3) 原因分析　根据故障现象和控制电路分析可能故障原因有组合导航系统电源供电线、相关线束电路故障(短路、断路、虚接等),组合导航系统自身故障以及相关系统软件故障等。

(4) 制订故障诊断方案　要求每组同学根据电路原理分析讨论制订故障诊断方案,如图6-7所示,并进行上台分享展示,进一步优化诊断方案,教师进行全程巡视答疑解惑。

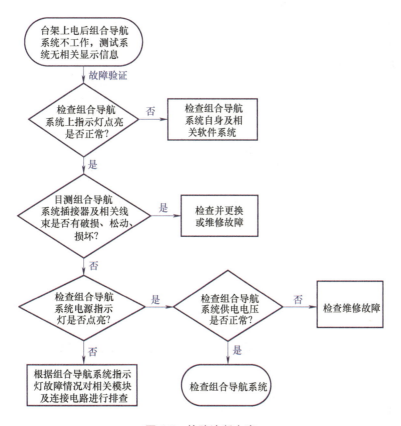

图6-7　故障诊断方案

任务实施

任务步骤	任务要点	实施记录
任务准备	1. 更换实训服,摘掉首饰,长发挽起固定于脑后 2. 严禁非专业人员或无教师在场的情况下私自对部件进行操作 3. 总成拆装需要至少两人配合完成,不可一人单独作业	是否完成:是□　否□

(续)

任务步骤	任务要点	实施记录
工具准备	安装工具，万用表，水平仪，示波器，拆装工具等	是否完成：是□ 否□
检查实训平台并开启总电源	1. 检查实训平台是否平稳放置且脚轮锁紧 2. 检查漏电保护器是否正常 3. 检查电源插头是否无破损，是否安全接地并处于干燥状态 4. 检查接入电源是否为 220V 50Hz 交流电源 5. 开启实训平台总电源，检查电源指示灯是否亮	是否完成：是□ 否□ 是否完成：是□ 否□ 是否完成：是□ 否□ 是否完成：是□ 否□ 是否完成：是□ 否□
故障现象	准备工作完成后，台架上电，打开系统，检查组合导航系统是否能正常工作，并记录故障现象	故障现象：
控制原理	查找电路，分析控制原理	控制原理：

（续）

任务步骤	任务要点	实施记录
故障原因分析	分析故障原因	
制订诊断方案	制订故障诊断方案	诊断方案：
诊断测量过程	台架测量，查找故障位置	记录诊断结果： 故障位置：
设备断电整理现场	将现场设备、工具等物品按6S标准清理归位	是否完成：是□ 否□
操作视频		

质量评价

任务总结	对组合导航系统故障检测的小结： 工作实施情况反思：					
质量评价	评分项目	知识能力（25分）	实践能力（25分）	职业素养（25分）	工作规范6S（25分）	总评
	自我评分					
	小组评分					
	教师评分					
	合计					

回顾思考

一、填空题

1. 智能传感器装配调试台架组合导航系统常见的故障类型主要有＿＿＿＿、＿＿＿＿、＿＿＿＿、＿＿＿＿和＿＿＿＿等。

2. 系统上电组合导航系统正常工作，上位机测试系统中＿＿＿＿、＿＿＿＿、＿＿＿＿、＿＿＿＿区有显示信息，谷歌地球区地理位置显示装置的位置。

二、判断题

1. 组合导航模块上红色指示灯代表卫星个数。（　　）

2. 组合导航更换后，不需要重新校正标定。（　　）

3. 组合导航系统正常工作，上位机测试系统左侧航向、速度、加速度、陀螺仪区能够显示相关数据。（　　）

4. 组合导航系统正中GNSS定位天线损坏，上位机测试系统中谷歌地图区无法显示具体位置。（　　）

5. 组合导航系统通过CAN总线和上位机进行通信。（　　）

任务 3　组合导航系统标定

任务目标

了解全球导航卫星系统的定位原理。

知识准备

一、GPS 定位原理

GPS 定位包括伪距单点定位、载波相位定位和实时差分定位。

每个 GPS 卫星播发一组信号，每组信号包括两个不同频率的载波信号（L1 和 L2）、两个不同的测距码信号（C/A 码调制在 L1 载波上，P 码或 Y 码同时调制在 L1 及 L2 载波上）以及卫星的轨道信息，如图 6-6 所示。

其中 C/A 码（Coarse Acquisition Code）又称粗码、捕捉码，码长 1023bit，周期 1ms，数码率 1.023MHz，码元宽 293.1m，供给民用。P 码（Precise Code）又称精码，码长 2.35～1014bit，周期 1.5s，数码率 10.23MHz，码元宽 29.3m，P 码的频率比 C/A 码高 10 倍，精度更高，供军用。

卫星接收机根据不同的定位方式，将接收到的信号进行不同的处理，得到定位坐标。

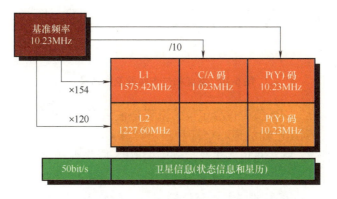

图 6-8　GPS 卫星播发的信号组

（1）伪距测量及伪距单点定位　伪距测量就是测定卫星到接收机的距离。每个卫星以每毫秒一次的频率播发伪随机测距码信号，若信号到达 GPS 接收机的传播时间为 dT，乘以光速就能得到距离，如图 6-9 所示。通过 4 颗以上 GPS 卫星的伪距，及从卫星导航电文中获得的卫星瞬时坐标，采用距离交会法就能求出接收机的三维坐标。

伪随机码又称为伪噪声码，是一种可以预先确定并可以重复地产生和复制，又具有随机统计特性的二进制码序列。

（2）载波相位测量及载波相位定位　载波相位测量是测定 GPS 卫星载波信号到接收机天

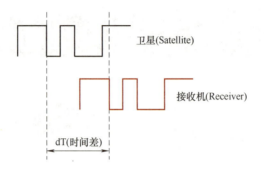

图 6-9　卫星信号发射与接收的时间差

线之间的相位延迟。GPS 卫星载波上调制了测距码和导航电文,接收机接收到卫星信号后,先将载波上的测距码和卫星电文去掉,重新获得载波,称为重建载波。GPS 接收机将卫星重建载波与接收机内由振荡器产生的本振信号通过相位计比相,即可得到相位差。

载波相位测距的卫星信号如图 6-10 所示。载波波长 L1 = 19cm,L2 = 24cm,比 C/A 码波长(293m)短得多,因此载波相位定位比伪距定位精度高得多。

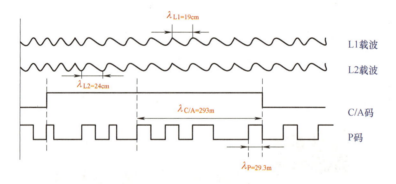

图 6-10　载波相位测距的卫星信号

（3）实时差分定位　GPS 实时差分定位的原理是在已有的精确地心坐标点上安放 GPS 接收机（称为基准站）,利用已知的地心坐标和星历计算 GPS 观测值的校正值,并通过无线电通信设备（称为数据链）将校正值发送给运动中的 GPS 接收机（称为流动站）,如图 6-11 所示。流动站利用校正值对自己的 GPS 观测值进行修正,以消除上述误差,从而提高实时定位精度。GPS 动态差分方法有多种,主要有位置差分、伪距差分（RTD）、载波相位实时差分（RTK）和广域差分等。

GPS 属于被动式卫星导航系统,在被动式测距系统中,用户天线只需要接收来自这些卫星的导航定位信号,就可测得用户天线至卫星的距离或距离差。这种发送测距信号设备和接收测距信号设备位于两个不同地方的测距方式,称为被动测距。用它所测得的站星距离,并利用已知的卫星在轨位置,可推算出用户天线的三维位置。这种基于被动测距原理的定位,称为被动定位。

如果发送设备所发射的测距信号经过反射器的反射或转发,又返回到发送点,为其接收设备所接收,进而测得测距信号所经历的距离,这种发送和接收测距信号位于同一个地方的

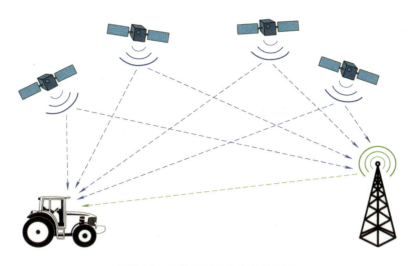

图 6-11　GPS 实时差分定位的原理

测距原理，称为主动测距。用它所测得的站星距离和已知的卫星在轨位置，也可推算出用户现时的三维位置。这种基于主动测距原理的定位，称为主动定位。

二、GPS 接收机

GPS 接收机的主要功能是接收 GPS 卫星信号并经过信号放大、变频、锁相处理，测定 GPS 信号从卫星到接收机天线间的传播时间，解释导航电文，实时计算 GPS 天线所在位置（三维坐标）及运行速度等。

GPS 接收机是一种被动式无线电定位设备，按不同用途分为测地型接收机、授时型接收机和导航型接收机（图 6-12）；按接收机通道数可以分为多通道接收机、序贯通道接收机和多路复用通道接收机。

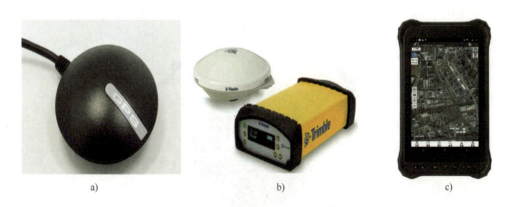

图 6-12　不同形式的 GPS 接收机

a）测地型接收机　b）授时型接收机　c）导航型接收机

GPS 接收机主要由天线、主机和电源三部分组成。

（1）GPS 接收机天线　GPS 接收机天线由天线单元和前置放大器两部分组成。天线的作用是将 GPS 卫星信号的微弱电磁波能量转化为相应电流，并通过前置放大器将接收到的 GPS

信号放大。

当 GPS 卫星在用户视界升起时，接收机能够捕获到按一定卫星高度截止角所选择的待测卫星，并能够跟踪这些卫星的运行。

（2）GPS 接收机主机　接收机主机由变频器、信号通道、微处理器、存储器和显示器组成。

变频器的主要任务是使接收到的 L 频段射频信号变成低频信号。信号通道是软硬件结合的电路，其作用是搜索、牵引并跟踪卫星，其作用是搜索、牵引并跟踪卫星，对广播电文信号进行解扩、解调成为广播电文，进行伪距测量、载波相位测量及多普勒频移测量。存储器用于存储一小时一次的卫星星历、卫星历书、接收机采集到的码相位伪距观测值、载波相位观测值及多普勒频移。

微处理器是 GPS 接收机工作的核心，GPS 接收机的工作都是在微机指令的统一协同下进行的。GPS 接收机都有液晶显示屏，以提供 GPS 接收机的工作信息，并配有一个控制键盘，以便用户控制接收机的工作。

GPS 信号接收机不仅需要功能较强的机内软件，而且需要一个多功能的 GPS 数据测后处理软件包。接收机加处理软件包，才是完整的 GPS 信号用户设备。

（3）GPS 接收机电源　GPS 接收机电源有两种，一种为内电源，一般采用锂电池，主要对 RAM 存储器供电；另一种为外接电源，常用可充电的 12V 直流镍镉蓄电池组。

三、GNSS 的原理

GNSS 是利用卫星基本三角定位原理，接收装置以测量无线电信号的传输时间来测量距离，如图 6-13 所示。三个卫星组成一个三角形，通过计算三个卫星位置几何数据，并融合同步计算结果，可计算出当前接收器的卫星坐标位置。通常，GPS 接收器会使用第四颗卫星的位置对前三个卫星的位置测量进行确认，以达到更好的效果。

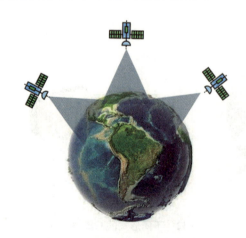

图 6-13　卫星基本三角定位原理

差分 GPS 原理如图 6-14 所示，差分 GPS 技术通过在一个精确的已知位置（基准站）上安装 GPS 监测接收机，计算得到基准站与 GPS 卫星的距离，然后再根据误差修正结果提高定位精度。

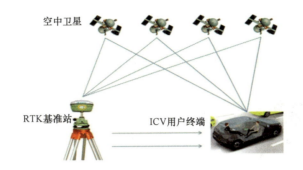

图 6-14　差分 GPS 原理

　　差分 GPS 分为两大类，即位置差分和距离差分。距离差分又分为两类，即伪距差分和载波相位差分。目前，很多智能网联汽车公司如百度、小马等，都采用了实时动态载波相位差分技术——RTK（Real-Time Kinematic）技术。RTK 技术是实时处理两个基站载波相位观测量的差分方法，即将基准站采集的载波相位发送给用户接收机，通过求差解算坐标。RTK 可使定位精度达到厘米级，这也是很多智能网联汽车公司采用 RTK 技术定位的原因。但 RTK 也存在一定的问题：基站铺设成本较高；非常依赖卫星数量，比如在一些桥洞和高楼大厦的环境下，可视的卫星数量会急剧下降；容易受到电磁环境干扰。在受到遮挡时，其信号丢失，没有办法做定位。因此目前采用 RTK 定位技术实现大规模量产商用的可行性不高。

任务实施

任务步骤	任务要点	实施记录
任务准备	1. 更换实训服，摘掉首饰，长发挽起固定于脑后 2. 严禁非专业人员或无教师在场的情况下私自对部件进行操作 3. 总成拆装需要至少两人配合完成，不可一人单独作业	是否完成：是□　否□
工具准备	定位与惯导、智能传感器装配调试台架、GNSS 天线和 4G 天线等	是否正常：是□　否□
制订计划	根据任务目标，制订任务实施计划 | 序号	作业项目	实施要点

(续)

任务步骤	任务要点	实施记录
检查实训平台并开启总电源	1. 检查实训平台是否平稳放置且脚轮锁紧 2. 检查漏电保护器是否正常 3. 检查电源插头是否破损，是否安全接地并处于干燥状态 4. 检查接入电源是否为 220V 50Hz 交流电源 5. 开启实训平台总电源，检查电源指示灯是否亮	是否完成：是□ 否□ 是否完成：是□ 否□ 是否完成：是□ 否□ 是否完成：是□ 否□ 是否完成：是□ 否□
组合导航系统标定	1. 填写 GNSS 相关知识 2. 学会给差分 GPS 分类 3. 组合导航标定流程 1）将连接好天线的组合导航系统安装在台架上 2）将 4G 天线放置于空旷空间 3）启动标定软件 GUI	GNSS 是利用 _____、_____ 以及 _____ 来测量距离 差分 GPS 可以分为 _____、_____ 距离差分又分为两类，即 _____、_____ 是否完成：是□ 否□

(续)

任务步骤	任务要点	实施记录
组合导航系统标定	4）软件连接安装好的组合导航系统，设置参数 5）观察台架的速度、陀螺仪和加速度计曲线图 6）移动智能传感器装配调试台架，等待卫星信号更新 7）绿灯常亮，代表标定完成，记录INS 和 GNSS 模式	惯导到车辆坐标系夹角： ＿＿＿、＿＿＿、＿＿＿ GNSS 定向基线与车辆坐标系夹角： ＿＿＿、＿＿＿、＿＿＿ 定位天线到后轮中心杆臂： ＿＿＿、＿＿＿、＿＿＿ 惯导到 GNSS 定位主天线杆臂： ＿＿＿、＿＿＿、＿＿＿ 画出速度、陀螺仪和加速度计曲线 INS 模式：＿＿＿＿＿＿ GNSS 模式：＿＿＿＿＿＿
设备断电 整理现场	将现场设备、工具等物品按 6S 标准清理归位	是否完成：是□ 否□
操作视频		

质量评价

任务总结	对组合导航系统标定的小结： 工作实施情况反思：				
质量评价	评分项目	知识能力（25分）	实践能力（25分）	职业素养（25分）	工作规范6S（25分）	总评
	自我评分					
	小组评分					
	教师评分					
	合计					

回顾思考

一、填空题

1. 惯性导航传感器包括加速度计和_____以及由它们单、双、三轴组合而成的_____、姿态和_____。

2. 惯性导航传感器能够检测_____、倾斜、_____、振动、_____和多自由度运动。

3. 随着技术的发展，惯性导航传感器的发展趋势是与_____融合集成为一个传感器。

4. 惯性导航系统的工作机理是建立在_____的基础上的。

5. MEMS加速度计的工作原理是靠MEMS中_____部分的_____工作。

二、选择题

1. INS表示（　　）。
   A. 惯性陀螺仪　　　　　　　　B. 惯性导航系统
   C. 航向控制系统　　　　　　　D. 惯性测量系

2. 以下哪项不属于陀螺仪的分类。（　　）
   A. 自动式　　　　　　　　　　B. 机械式干式
   C. 液浮式　　　　　　　　　　D. 半浮式

3. 以下不属于线加速度计种类的是（　　）。
   A. 机械式线加速度计 B. 挠性线加速度计
   C. 激光式线加速度计 D. 石英线加速度计
4. 题图 6-1 是（　　）轴 MEMS 加速度计？

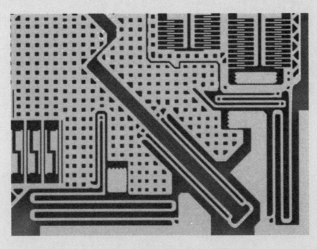

题图 6-1

   A. 3 B. 4
   C. 5 D. 6
5. 以下属于科里奥利力原理的是（　　）。
   A. 旋转物体在有径向运动时所受到的切向力
   B. 旋转物体在有径向运动时所受到的径向力
   C. 旋转物体在有切向运动时所受到的切向力
   D. 旋转物体在有切向运动时所受到的径向力
6. MEMS 加速度计的电容的变化与加速度的关系是（　　）。
   A. 正比 B. 反比
   C. 二次函数 D. 不成比例
7. 对一个具有加速度的物体进行定位，可以通过加速度对时间的＿＿＿＿次积分获得＿＿＿＿。（　　）
   A. 1，速度 B. 1，位移
   C. 2，速度 D. 2，位移
8. 惯性导航传感器的组成中用来测量角速度的是（　　）。
   A. 加速度计 B. 陀螺仪
   C. IMU D. AHRS

三、判断题
1. MEMS 陀螺仪的核心是一个微加工机械单元。（　　）
2. MEMS 陀螺仪主要是利用角动量守恒原理进行工作的。（　　）
3. MEMS 加速度计根据测量的加速度方向不同，MEMS 的结构会有很大的不同。（　　）

4. 一个惯性导航传感器通常只集成一个陀螺仪和一个加速度计。（   ）
5. MEMS 陀螺仪的转轴指向不会随着承载它的支架的旋转而变化。（   ）
6. MEMS 加速度计电容的变化会被另外一块专用芯片转化成电压信号，这个电压信号在经过数字信号处理后直接输出。（   ）
7. MEMS 陀螺在设计上按照一个音叉机制共振运动。（   ）
8. 惯性传感器的误差不受温度的影响。（   ）

四、简答题
1. 简述惯性传感器定位的优缺点。
2. 简述 SLAM 定义及分类应用。

参 考 文 献

[1] 陈宁，徐树杰. 智能汽车传感器技术［M］. 北京：机械工业出版社，2020.
[2] 李力，王飞跃. 智能汽车先进传感器与控制［M］. 北京：机械工业出版社，2016.
[3] 中国电子信息产业发展研究院. 智能网联汽车测试与评价技术［M］. 北京：人民邮电出版社，2017.
[4] 崔胜民. 智能网联汽车新技术［M］. 北京：化学工业出版社，2016.
[5] 陈慧岩，熊光明，龚建伟，等. 无人驾驶汽车概论［M］. 北京：北京理工大学出版社，2014.
[6] 熊光明，高利，吴绍斌，等. 无人驾驶车辆智能行为及其测试与评价［M］. 北京：北京理工大学出版社，2015.
[7] 胡铟，杨静宇. 基于单目视觉的路面车辆检测及跟踪方法综述［J］. 公路交通科技，2007（12）：127-131.
[8] 高振海，王竣，佟静，等. 车载毫米波雷达对前方目标的运动状态估计［J］. 吉林大学学报（工学版），2014，44（06）：1537-1544.
[9] 骆云志，雷雨能，王钤. 基于毫米波雷达和CCD摄像机信息的D-S融合方法［J］. 数据采集与处理，2014，29（04）：648-653.
[10] 陈天飞，马孜，李鹏，等. 一种基于非量测畸变校正的摄像机标定方法［J］. 控制与决策，2012，27（02）：243-246+251.
[11] 向滨宏. 基于汽车雷达和摄像头信息融合的目标检测方法研究［D］. 重庆：重庆大学，2017.
[12] 陈思宇. 基于多传感器智能汽车环境感知系统研究［D］. 南昌：南昌航空大学，2017.
[13] 张馨矛. 基于DSP的FMCW汽车防撞雷达信号处理系统设计［D］. 西安：西安电子科技大学，2013.
[14] 韩永刚. 先进驾驶辅助系统之行人检测系统［D］. 西安：西安电子科技大学，2014.
[15] 黄伟. 基于雷达和机器视觉的车辆前方障碍物检测系统设计与实现［D］. 武汉：武汉理工大学，2010.
[16] 沈峘. 智能车辆视觉环境感知技术的研究［D］. 南京：南京航空航天大学，2010.
[17] 魏振亚. 基于超声波车位探测系统的自动泊车方法研究［D］. 合肥：合肥工业大学，2013.
[18] 高京，苏松恺，丁亚洲，等. 车载倒车雷达传感器失效问题分析及解决措施［J］. 汽车电器，2015（04）：36-39.
[19] 袁佑新，吴研，刘苏敏，等. 可视汽车倒车雷达预警系统设计［J］. 微计算机信息，2007（05）：268-270.
[20] 韦兴平，车畅，宋春华. 超声波传感器应用综述［J］. 工业控制计算机，2014，27（11）：135-136+139.
[21] 顾兢兢，黄冬梅. 浅析多传感器信息融合技术［J］. 数字技术与应用，2012（05）：253.
[22] 黄友澎. 多传感器多目标航迹相关与数据合成若干关键技术研究［D］. 哈尔滨：哈尔滨工程大学，2009.
[23] 陈懂，刘瑢，金世俊. 智能小车的多传感器数据融合［J］. 现代电子技术，2005（06）：3-5.
[24] 钟钜斌. 基于多种导航技术混合的AVG系统设计［D］. 杭州：浙江大学，2016.
[25] 焦坤. 基于单目视觉的车辆前方行人识别方法研究［D］. 沈阳：东北大学，2008.
[26] 杨益，何颖. 基于RGB空间的车道线检测与辨识方法［J］. 计算机与现代化，2014（02）：86-90.
[27] ALVAREZ J, LOPEZ A M. Road Detection Based on Illuminant Invariance［J］. IEEE Transactions on Intelligent TransportationSystems, 2011, 12 (1): 184-193.
[28] 张红霞，刘义才. 机器视觉技术的应用研究［J］. 电子世界，2013（17）：106+108.
[29] 谢一峰. 基于单目视觉的车道线检测与智能车导航［D］. 上海：上海交通大学，2013.

[30] 孙英慧. 基于Canny算子的边缘检测研究[J]. 鞍山师范学院学报, 2010, 12 (2): 48-50.

[31] 胡骁, 李岁劳, 吴剑. 基于特征颜色的车道线检测算法[J]. 计算机仿真, 2011, 28 (10): 344-348.

[32] WEN X, SHAO L, FANG W, et al. Efficient Feature Selection and Classification for Vehicle Detection [J]. IEEE Transactions on Circuits&Systems for Video Technology, 2015, 25 (3): 508-517.

[33] 袁盛玥. 自动驾驶车辆辆城区道路环境换道行为决策方法研究[D]. 北京: 北京理工大学, 2016.

[34] 袁伟, 付锐, 等. 基于视觉特性的驾驶人换道意图识别[J]. 中国公路学报, 2013, 26 (04): 132-138.

[35] 丁洁云, 党睿娜, 王建强, 等. 驾驶人换道决策分析及意图识别算法设计[J]. 清华大学学报（自然科学版）, 2015, 55 (07): 769-774.

[36] 付梦印, 邓志红, 刘彤. 智能车辆导航技术[M]. 北京: 科学出版社, 2009.

[37] 陈伟. 基于双目视觉的智能车辆道路识别与路径规划研究[D]. 西安: 西安理工大学, 2009.

[38] 于加其. 基于激光成像雷达距离像的地面目标识别算法研究[D]. 北京: 北京理工大学, 2015.

[39] 陈龙. 城市环境下无人驾驶智能车感知系统若干关键技术研究[D]. 武汉: 武汉大学, 2013.

[40] 王铭. 基于激光雷达的无人车三维环境建模技术研究[D]. 长沙: 国防科学技术大学, 2013.

[41] 武历颖. 无人驾驶汽车环境信息提取及运动决策方法研究[D]. 西安: 长安大学, 2016.

[42] 谌彤童. 三维激光雷达在自主车环境感知中的应用研究[D]. 长沙: 国防科学技术大学, 2011.

[43] 杨飞, 朱株, 龚小谨, 等. 基于三维激光雷达的动态障碍实时检测与跟踪[J]. 浙江大学学报（工学版）, 2012, 46 (09): 1565-1571.

[44] 陈无畏, 蒋玉亭, 谈东奎. 一种基于边缘点投影的车道线快速识别算法[J]. 汽车工程, 2017, 39 (03): 357-363.

[45] 郑凯华. 基于多层激光雷达的道路与障碍物信息提取算法[D]. 北京: 北京工业大学, 2015.

[46] 崔熠明. 基于激光雷达的智能车防撞预警系统研究[D]. 长春: 吉林大学, 2016.

[47] 叶刚. 城市环境基于三维激光雷达的自动驾驶车辆多目标检测及跟踪算法研究[D]. 北京: 北京理工大学, 2016.